PIÈCES JUSTIFICATIVES

PRODUITES

Par M. CHÉGARAY,

DANS SON PROCÈS

CONTRE

L'ÉCLAIREUR DES PYRÉNÉES.

PAU,

IMPRIMERIE ET LITHOGRAPHIE DE É. VIGNANCOUR.

1849.

Le journal l'*Eclaireur des Pyrénées*, dans une polémique relative aux dernières élections générales, m'imputa d'avoir, dans le procès d'avril 1834, *demandé à outrance le fonctionnement de l'échafaud politique.* Je portai plainte en diffamation contre le gérant et le rédacteur en chef de ce journal.

A l'audience, après avoir mis mes adversaires au défi de faire l'impossible preuve de leur assertion, j'ai prouvé que loin d'avoir demandé à outrance le fonctionnement de l'échafaud politique, j'avais au contraire, par un discours inséré au *Moniteur* du 17 juillet 1835, adjuré la Cour des pairs de n'appliquer la peine de mort à aucun des accusés même les plus coupables.

Mes adversaires n'ont rien négligé pour entraîner la cause hors de ce point précis du débat. Il ne m'appartenait pas de les y ramener. J'ai constamment opposé des faits et des textes à des déclamations, à des assertions. L'avocat des prévenus a fini par soutenir en désespoir de cause que ses clients avaient pu avec bonne foi, me diffamer, parce que j'aurais laissé passer sans réclamations des diffamations précédentes dont je prouvais tardivement la fausseté. Ce système de défense ayant été couronné de succès, mes amis ont jugé utile la publication des principales pièces invoquées en ma faveur dans le débat. Cette publication a eu lieu dans le *Mémorial des Pyrénées*. La voici reproduite d'après ce journal. La lecture des irrécusables documents qu'elle contient montrera à l'opinion impartiale si je dois, en quoi que ce soit, me sentir moralement atteint par le verdict qui a refusé de prononcer la condamnation de ceux que j'accusais de m'avoir diffamé.

Ch. CHÉGARAY,
Représentant du peuple, ancien magistrat.

PIÈCES JUSTIFICATIVES

Produites par M. CHEGARAY, dans son procès contre l'ÉCLAIREUR DES PYRÉNÉES.

———◆———

Nous avons promis de publier les principales pièces produites par M. Chegaray, devant la cour d'assises des Basses-Pyrénées. Nous rétablissons aujourd'hui cette partie de sa défense, omise dans notre premier compte-rendu, bien sûrs que l'éloquence des faits et de la vérité suffira pour démontrer à tout lecteur impartial, que non seulement notre honorable représentant n'a pas mérité les reproches odieux et passionnés qui lui ont été adressés, mais que sa conduite comme procureur du roi à Lyon en 1834, comme avocat-général près la cour des pairs en

1835, n'a pas cessé d'être celle d'un magistrat également courageux dans la lutte, humain et modéré dans le succès.

Rappelons d'abord les termes de l'article poursuivi par M. Chegaray.

On y disait de ce magistrat *qu'il avait joué un rôle d'implacabilité sinistre dans les troubles désolés de la patrie*, et qu'il avait dans le procès d'avril *demandé à* OUTRANCE *le fonctionnement de l'échafaud politique*.

Pour répondre à cette dernière imputation, la seule qui précisant un fait pût avoir le caractère légal de la diffamation, M. Chegaray citait son réquisitoire à la Chambre des Pairs. Après avoir analysé les faits généraux et fait ressortir leur gravité, il disait dans ce discours, inséré au *Moniteur* du 17 juillet 1835 :

« Quand nous faisons ce solennel appel à votre ferme justice, ne pensez pas que nous venions vous demander une justice sanglante. NON MESSIEURS ; la peine de mort, en matière politique, est écrite dans nos codes ; elle y est légitimement écrite, c'est notre entière et profonde conviction ; la plupart des hommes placés devant vous ont encouru la plus terrible des peines; ET QUI PEUT DOUTER CEPENDANT QUE VOTRE VŒU LE PLUS CHER

NE SOIT DE L'ÉPARGNER MÊME AUX PLUS COUPABLES
D'ENTRE EUX ? Ils maudiraient , disent-ils, cette application de l'omnipotence indulgente que vous
vous êtes reconnue. Mais ce ne sera pas la moindre
gloire de notre temps que cette alliance inouïe
jusqu'à nous , et qui semblait surtout impossible
au lendemain d'une révolution, de tant de modération avec une juste et nécessaire fermeté. »

Et le sens de ces paroles si pleines
d'humanité était si peu sujet à équivoque,
que M. Jules Favre , avocat des accusés
d'avril, répondant à l'audience du 18
juillet 1835 , au réquisitoire de M. Chegaray , terminé le 17, disait ces propres
paroles :

« M. le procureur général a renoncé à ses réquisitions de mort. J'en remercie la civilisation,
qui parle plus haut que la loi dont il est l'organe. J'en remercie aussi votre souveraineté , qui
permet d'invoquer devant elle , au lieu du Code
pénal, les conséquences de nos mœurs publiques. »

La réponse semblait péremptoire et la
fausseté de l'imputation d'avoir *demandé
à outrance le fonctionnement de l'échafaud politique* bien démontrée, bien évidente. — De là la nécessité de déplacer
la question et de jeter la confusion dans
l'esprit du public et du jury en les en-
traînant dans l'examen d'une multitu-

de d'assertions et de faits étrangers au procès. — On est sans doute parvenu à établir momentanément cette confusion et cependant M. Chegaray qui aurait pu se refuser à sortir ainsi de la cause, a eu réponse à tout comme on le va voir.

Pour montrer quelle avait été la modération de son administration à Lyon avant les funestes événements de 1834, nous emprunterons à sa défense quelques citations préliminaires.

L'*Echo de la Fabrique*, journal spécial des ouvriers, ayant attaqué le Procureur du Roi, à l'occasion de sa conduite envers des tailleurs de pierre, accusés de coalition. Ce magistrat répondit :

« Lyon, 7 avril 1833.

» Monsieur,

» Je lis dans votre feuille de ce jour, le passage suivant, à propos de l'affaire des sieurs Morateur, Breysse et Chatelet, ouvriers tailleurs de pierre; prévenus du délit prévu par l'art. 415 du code pénal :

« Le tribunal les a acquittés ; ils pensaient
» être mis en liberté ; mais le procureur du roi
» a interjeté appel et des hommes qui sont né-
» cessaires à leurs familles sont ainsi détenus
» préventivement parce que tel est le bon plaisir
» de M. Chégaray. Il a, nous le savons, usé de
» son droit ; mais le vice de la loi ne devrait-*il*

» pas être amendé par la sagesse des magistrats ?
» Et plus bas : M. Chégaray a fait plus que son
» devoir, et lorsqu'il s'agit de pénalité, faire plus
» que son devoir a quelque chose qui répugne,
» quelque chose qu'on pourrait qualifier d'un nom
» différent, etc. » Vous terminez en émettant le
vœu que vos réflexions puissent consoler vos frères
tailleurs de pierres qui sont sous les verroux.

» Ces attaques n'ont pu être inspirées que par
l'ignorance des faits unie à une légèreté que vous re-
gretterez, ou à une malveillance que je ne crois
pas mériter ; je n'y répondrai que deux mots ;
mais j'ose les croire péremptoires.

» J'ai en effet, cru devoir interjeter appel du
jugement qui acquitte les sieurs Morateur, Breysse
et Chatelet. Cet appel me donnait, comme vous
le reconnaissez, le droit de retenir les prévenus
en prison, jusqu'à la décision définitive de l'affaire ;
la loi m'en imposait peut-être le devoir. Mais il
est faux que j'aie usé de ce droit, ou plutôt j'ai
pris sur moi de m'affranchir de cette rigoureuse
obligation, et j'ai fait, malgré l'appel, mettre les
trois prévenus en liberté ; ils étaient, grâce à
moi, et à moi seul, libres depuis cinq jours,
lorsqu'a paru votre article, et voici la lettre que
m'ont écrite, pour me témoigner leur reconnais-
sance de mes procédés à leur égard, ces hommes
que vous représentez comme gémissant sous les
verroux, et comme victime de mon bon plaisir.
Je la copie dans toute la simplicité de ses ex-
pressions, en rendant grâce au hasard qui me
l'a fait conserver, et laissant au public le soin
d'apprécier le contraste qu'elle présente avec votre
article. »

« Lyon, le 3 avril 1833.

» Monsieur le procureur du roi,

» Les soussignés Chatelet, Morateur et Breysse,
» viennent vous exposer la gratitude que monsieur
» le procureur du roi a bien voulu nous accorder
» la liberté qui nous est si propice pour soulager
» notre famille. Nous ne pouvons exprimer assez
» de remerciements à M. le procureur du roi qui,
» par sa bienveillance, nous a accordé la liberté
» qui nous est si nécessaire. Salut respectueuse-
» ment.

» *Signé*, CHATELET, MORATEUR, BREYSSE.»

Il me serait facile d'entrer dans des détails qui
prouveraient de plus en plus combien ma conduite
dans cette affaire a différé de celle qu'il vous plaît
de me supposer; mais je ne veux rien ajouter
à la lettre des victimes de mon bon plaisir; je
désire pour vous que sa lecture vous engage à
porter à l'avenir plus de circonspection dans vos
jugemens sur des actes que vous avez tort de
critiquer sans les connaitre, ou plus tort encore
de calomnier si vous les connaissez.

Je vous prie d'insérer la présente dans votre
prochain numéro.

Signé, CHÉGARAY.

Un peu plus tard, M. Chegaray ayant
été obligé de poursuivre devant le jury
pour diffamation M. Anselme Petetin,
rédacteur du *Précurseur*, et celui-ci ayant
été condamné par le jury, il ne pouvait
cependant s'empêcher dans son n.° du
22 mai 1833, de rendre en ces termes

justice à la modération de M. Chegaray,
qui avait lui-même plaidé sa cause :

« Nous devons déclarer que M. Chégaray qui,
pourtant, est d'un âge où l'emportement serait
plus concevable, et qui, dans cette cause surtout se
trouvait particulièrement intéressé, a été de beaucoup plus convenable et plus décent que M.........
M. Chégaray, dont nous avons dû apprécier le talent
après tout ce que nous avions vu jusqu'ici au
parquet de Lyon, a très-bien compris sa position
et il l'a conservée dans tout le cours de cette
affaire avec un tact auquel nous rendons justice. »

Et la *Gazette du Lyonnais*, journal
d'opposition légitimiste du même jour
22 mai 1833, terminait ainsi le compte
rendu de cette affaire :

« Après dix minutes de délibération, le jury
a répondu négativement sur la première question
et affirmativement sur la seconde.

» M. Chégaray, s'adressant alors à la cour,
a demandé, qu'en raison de ce que la décision
du jury avait trait à des faits qui lui étaient per-
sonnels, la peine la plus légère fût infligée. »

Une affaire qui vers cette même époque eut à Lyon beaucoup de retentisse-
ment, est celle de quatorze ovriers en
soie, condamnés pour coalition à la fin
d'août 1835, et qui se défendaient principalement en excipant de l'exiguité et
de l'insuffisance de leurs salaires.

L'*Echo de la Fabrique* bien peu suspect assurément, rendit lui-même alors
hommage à *la modération* du Procureur
du Roi, comme M. Jules Favre, avocat
des inculpés, le fit plus tard en faisant al-
lusion à cette affaire devant la Cour des
Pairs. (*Echo de la Fabrique*, du 1.er
septembre. — *Moniteur* du 19 juillet
1835.)

Nous n'insisterons pas davantage sur
les faits antérieurs à 1834. Arrivant à
cette année, M. Capo de Feuillide et son
avocat ont soutenu que l'une des principales causes de l'insurrection d'avril
devait être attribuée à ce fait que les
meneurs de la grande coalition des
ouvriers en soie en février 1834, n'a-
vaient pas été arrêtés et poursuivis pendant le flagrant délit, ce qui aurait excité
leur audace et pouvait être considéré
comme une provocation indirecte à la
rébellion.

M. Chegaray a répondu que, d'accord
avec M. Prunelle, maire de Lyon, il
était d'avis de faire arrêter en flagrant
délit les signataires des ordres de suspension du travail, il a ajouté que telle n'a-

yant pas été l'opinion du procureur-général et du Préfet, le maire et le procureur du roi avaient dû se soumettre; il a cité à cet égard une lettre par lui écrite au procureur-général et la réponse de ce magistrat; ces deux pièces sont ainsi conçues :

Lyon 20 Février 1834.

Monsieur le Procureur général;

Je viens de voir M. le Maire de Lyon, il m'a annoncé que l'espoir qu'on avait conçu de voir reprendre aujourd'hui les travaux ne s'est pas réalisé. Quelques ouvriers de la Croix Rousse des Broteaux et des rues Bourg-Chanin et Tolosan ayant voulu commencer à faire battre leurs métiers malgré l'interdiction, les vitres de leurs maisons ont été cassées à coups de pierre. Ainsi la violence la plus odieuse continue à tenir en échec l'autorité publique et à tyranniser la grande masse des ouvriers. Cet état de choses me parait intolérable. Il est manifeste que le comité exécutif de l'association des mutuellistes exerce maintenant dans la ville un pouvoir tyrannique qui se manifeste 1.º Par le fait général du délit de coaliton. 2.º Par des délits spéciaux de violence, menace et voies de fait contre ceux qui ne veulent pas prendre part au premier délit. L'inaction de l'autorité publique en présence d'un si grand désordre décourage les bons citoyens, paralyse les bonnes intentions des ouvriers qui voudraient pouvoir librement gagner leur vie et exalte outre mesure l'audace des perturbateurs.

Dans des circonstances si graves, je pense avec M. le maire de Lyon que des poursuites judiciaires énergiques doivent sans plus tarder être dirigées contre les individus signalés comme les principaux coupables. Telle n'est pas l'opinion de M. le Préfet, et telle ne m'a pas paru être la vôtre dans la conférence que j'ai eue ce matin avec vous. Comme les délits sont flagrants, ma responsabilité serait trop compromise si je differais d'avantage à poursuivre ces délits sans un ordre formel de vous.

Je vous prie de vouloir bien me le transmettre dans un sens ou dans l'autre ; mais j'ai dû vous exposer ma manière de voir.

Recevez, Monsieur le Procureur-général, l'assurance de mon dévouement et de mon respect,

Le Procureur du Roi,

CH. CHEGARAY.

« Lyon, le 21 février 1834.

» Monsieur le procureur du Roi,

» Je réponds, ce matin, à votre lettre d'hier, que je n'ai reçue que dans la soirée.

» Ni l'autorité, ni vous, ni moi, n'avons jamais varié sur la nécessité des poursuites à diriger contre la coalition des ouvriers ; les coupables devront être atteints, s'il est possible, et sévèrement punis. La dissidence n'existe entre nous que sur l'opportunité des poursuites. C'est une question de temps qui nous divise.

» J'ai partagé, je partage l'opinion de Monsieur le Préfet qui croit que l'on doit temporiser. J'ai été frappé des considérations très élevées sur lesquelles il s'appuye, considérations que je ne répéterai pas, puisque vous déclarez les connaître. M. le Préfet m'a paru se placer, comme il le devait, au dessus de certaines exigences de personnes et de localités, auxquelles Monsieur le le Maire et lui ont su si habilement résister à chaque phase de la crise où nous sommes. Voilà pour le passé.

» Quant au présent, les événemens qui, dans l'occurrence, se pressent à chaque instant, peuvent faire que la résolution de la veille ne convienne plus au lendemain. Si donc, Monsieur le procureur du Roi, les délits de violence menaces et voies de fait, contres les ouvriers qui veulent reprendre le travail, se répètent, je pense, comme vous, que l'action de la justice ne peut rester plus long-temps suspendue. Vous saurez, je n'en doute pas, apprécier les circonstances qui vont se présenter; je dois me confier à votre prudence et à votre zèle éclairé.

Recevez, etc.

Le Procureur-général, DUPLAN.

Du reste, cette affaire ayant été portée à la Chambre des Députés, dans la séance du 19 mars 1834, la conduite du procureur du roi, y reçut la plus complète et la plus flatteuse approbation.

M. Prunelle, député et maire de Lyon, parlant (à propos de la loi sur les associations) de la coalition de février se plaignit que les auteurs connus et avoués de ce délit n'eussent pas été arrêtés. M. Mauguin crut devoir demander compte au garde des sceaux de ce qu'il supposait être l'inaction du procureur du roi. Ici nous laissons parler le *Moniteur* du 21 mars 1834 :

M. *Mauguin.* M. le garde-des-sceaux doit répondre ; c'est une question de responsabilité.

M. *le garde-des-sceaux,* Je déclare que les magistats de Lyon ont bien fair leur devoir. Je n'ai pas autre chose à répondre. (Très-bien.)

M. *Mauguin.* Nous avons à opposer à cette réponse ce qu'a dit le premier magistrat municipal de Lyon qui vient de déclarer, et sa déclaration retentira dans toute la France, que la loi a été violée ; que l'autorité est restée muette. Et maintenant l'on demande des mesures repressives.

M. *Prunelle,* de sa place. Je n'ai point dit que la loi ait été violée. (Bruit.)

M. *Mauguin.* La loi a été violée par les coalitions...

M. *Prunelle,* à la tribune. Je n'ai point dit que la loi eût été violée ; telle n'a pas été du tout mon intention ; j'ai dit seulement que l'application de l'article 415 du code pénal aurait pu être faite, et que cete application n'a pas eu lieu. J'ajoute que je regrette que cette application n'ait pas été faite.

M. *Mauguin.* Il ne faut pas équivoquer ; la loi a été violée par les coalitions, elle n'a pas été exécutée par l'autorité, voilà le fait que je voulais relever.

(M. le garde-des-sceaux et M. Prunelle s'entretiennent vivement ensemble.)

M. *Prunelle.* Encore un mot. M. le garde-des-sceaux me fait observer que le fait que je viens de rapporter peut jeter un blâme sur un magistrat de l'ordre judiciaire. Je déclare que le magistrat sur lequel pourrait porter ce blâme est un magistrat plein de talent, plein de zèle et plein de courage, un des magistrats les plus énergiques et les plus dévoués que je connaisse au gouvernement de juillet, et que si l'article 415 n'a pas été appliqué, ce n'est pas à lui qu'en est la faute.

Voix de la gauche : A qui est-elle donc?..... Est-ce au préfet?

(Agitation prolongée.)

M. le garde-des-sceaux adresse des interpellations à M. Prunelle.

M. Prunelle. Je demande à parler.

M. le président. M. le ministre du commerce est à la tribune; laissez-le parler, vous aurez la parole ensuite.

M. le ministre du commerce. Si M. Prunelle a encore quelques explications à donner, j'attendrai.

M. Prunelle. Lorsqu'on énonce un fait dans cette chambre, on n'énonce pas ce fait dans l'intention de faire des dénonciations; cela n'est nullement dans les habitudes parlementaires, ni dans mon caractère. (Très-bien!) M. le garde-des-sceaux me dit : M. le procureur du roi n'a donc pas fait son devoir dans cette circonstance? Eh bien! dès-lors je récrimine, et je dis que M. le procureur du roi a parfaitement fait son devoir. Je dis même plus, c'est qu'il est impossible que M. le procureur du roi ne le fasse pas toujours.

(M. le garde-des-sceaux, qui s'était levé pour répondre à M. Prunelle, se rassoit pour laisser parler M. le ministre du commerce.)

Ainsi tombe en ce qui concerne M. Chegaray le reproche de n'avoir pas fait

2

arrêter au milieu du flagrant délit les auteurs de la coalition de février.

On lui en a adressé un autre, c'est de s'être montré trop rigoureux en les fesant au contraire arrêter préventivement après la reprise des travaux.

Le fait est inexact ; le procureur du roi s'est borné à requérir instruction comme il le devait suivant les ordres de son chef. Mais les prévenus de coalition n'ont pas plus été arrêtés préventivement après la reprise des travaux que pendant le flagrant délit. Ils ont été interrogés sous simples mandats de comparution, ont comparu libres aux audiences du 5 et du 9 avril interrompues par l'émeute, et plus tard à celle du 20 ou du 21 où ils furent définitivement jugés et condamnés.

On sait que l'audience du 5 avril où devaient être d'abord jugés les prévenus de coalition, fut troublée par de graves désordres. Il se passa à la suite de cette audience des scènes dans lesquelles M. Chegaray fit preuve du plus généreux courage. On n'a pas craint de les lui reprocher comme une abdication de sa dignité, presque comme une provocation aux atroces scènes qui suivirent. — Laissons parler la *Gazette des Tribunaux* du 12 avril 1834, journal toujours si bien informé, et dont l'impartialité ne saurait être méconnue :

Un témoin à charge, qui avait déposé avec une grande réserve de menaces à lui faites par quelques-uns des prévenus pour l'empêcher de travailler, fut reconnu au moment où il sortait de l'auditoire, à son costume en effet très reconnaissable : *La blouse ! la blouse !* s'écria-t-on. Et à l'instant, malgré la protection que devait lui assurer son caractère de citoyen rendu plus sacré encore par les fonctions pénibles, mais forcées, qu'il était venu remplir, il est assailli, insulté et frappé avec une si odieuse brutalité, que personne, parmi les témoins de cette scène, n'oserait calculer où se fussent arrêtées ces violences sans l'intervention des trois jeunes avocats en robe qui, s'écriant : *A nous les bons citoyens ! ne laissons pas massacrer ce malheureux !* eurent promptement ranimé chez quelques hommes ces sentimens de générosité qui ne perdent jamais entièrement leur écho dans les masses populaires. Plusieurs chefs ouvriers s'empressèrent de donner à ces jeunes gens un appui qui toutefois était encore insuffisant contre l'acharnement des malfaiteurs, lorsque M. Chégaray, procureur du Roi, qui, après avoir quitté le costume d'audience, traversait la cour du palais pour se rendre à son parquet, se trouvant témoin de cette horrible scène, s'élança au milieu de la foule et perça jusqu'au malheureux qu'on maltraitait et qui

pâle et défait, implorait en vain la pitié de ses
agresseurs. Ce magistrat, sans calculer ni le danger de s'exposer au milieu de cette foule irri-
tée, ni l'appui qu'il pouvait y trouver pour la
noble tâche qu'il y venait remplir, adressa aux
assaillans des représentations infructueuses, et un
homme ayant porté en sa présence un coup à
la victime, M. Chégaray s'élança sur lui, le sai-
sit au collet, et s'écria : *Je vous arrête au nom de
la loi; je suis le procureur du Roi.* Il en appela
en même temps aux bons citoyens pour lui prê-
ter main forte ; nul ne répondit à son appel, et
disons, parce que cela est vrai, que pendant
quelques minutes il dut retenir seul l'homme
qu'il avait saisi en flagrant délit ; un mouvement
de la foule le contraignit de le lâcher un instant ; il le reprit aussitôt, et ce ne fut que par
la violence qu'il se vit contraint de l'abandonner.
   L'intervention de ce magistrat avait opéré une
diversion qui fut heureuse pour le témoin que
ses libérateurs parvinrent à conduire dans l'Intérieur du Palais, où il resta caché jusqu'à la nuit.
Pendant ce temps, les menaces se dirigèrent sur
M. le procureur du Roi qui, les bras croisés,
la contenance ferme, imposa quelques instants
à ces furieux. Hâtons-nous de dire qu'il se ren-
contra dans la foule des hommes qui comprirent
toute l'énormité d'un crime auquel d'autres pro-
voquaient par des cris affreux. Au nombre de
ces hommes se sont trouvés quelques-uns des prévenus que M. Chégaray a reconnus lui-même, et
qui l'ont entouré. Quelques amis accoururent bientôt décidés à le défendre au péril de leur vie,
et chacun n'a pas tardé à comprendre que toute
haine de parti devait se taire dans une circons-

tance aussi grave, et quand un magistrat ne s'é-
tait exposé que par un sentiment de générosité
dont tout homme aurait droit de s'honorer.

Ajoutons que M. Chégaray, calme au milieu
de ces menaces, ne s'est retiré dans le vestibule
du Palais que lorsque sa présence lui a paru
inutile, et a si peu pensé au danger qu'il pouvait
courir qu'il a longtemps résisté aux représentations de ses amis qui l'engageaient à s'éloigner.
Confiant dans la pureté de ses intentions et dans
la force de son droit, il n'a menacé que les coupables, n'a insulté personne, et n'est resté sur
le lieu de la scène qu'autant qu'il l'a fallu pour
en observer les acteurs. Nous insistons sur ces
détails parce que la conduite de M. le procu-
cureur du Roi a été étrangement travestie dans
certains journaux, et parce qu'il faudrait déses-
pérer de la moralité publique, si des actions
semblables à celle de M. Chégaray ne trouvaient
pas loyale justice et approbation générale.

On en était là lorsque le détachement demandé
depuis deux heures est arrivé. Il se composait
d'environ 60 hommes du 7e d'infanterie légère,
commandés par un capitaine, qui n'a pas dans
la suite montré toute la fermeté désirable. La
troupe rangée en bataille au fond de la cour, M.
Chégaray, ceint d'une écharpe, s'est avancé, et
trois fois a sommé d'une voix ferme la foule de
se retirer. Ces sommations ayant été à peu près
inutiles, un peloton de voltigeurs, conduit par
un sergent, s'est porté en avant avec assez de
résolution ; il a été presque immédiatement suivi
par le reste de la troupe sous les ordres du capitaine. Mais cette poignée d'hommes fut bientôt in-
suffisante pour résister aux flots de la foule. etc.

La *Gazette du Lyonnais*, journal d'opposition, souvent poursuivi par M. Chegaray, et moins suspect encore, s'il est possible, de partialité en sa faveur que la *Gazette des Tribunaux*, terminait ainsi le récit des mêmes scènes dans son n.° du 6 avril 1834 :

« A la vue d'une si humiliante faiblesse, nous les avons plaints; nous avons surtout déploré que le jeune magistrat qui, ce matin à travers une imprudence que la verdeur de l'âge peut seule expliquer, a montré un grand courage, n'ait pas été appelé à employer cette mâle énergie à la défense d'une meilleure cause. »

On verra plus tard comment la conduite de M. Chegaray dans cette circonstance, conduite si étrangement dénaturée et défigurée à l'audience par M. Capo de Feuillide et Me Barthe, fut appréciée par les magistrats de Lyon, témoins oculaires (1); M. Dupin, procureur-général à la Cour de Cassation, et président alors de la Chambre des Députés, en envoyant quelques jours après à M. Chegaray son réquisitoire du 2 avril 1834 dans l'affaire du duc de Gramont pour la

(1) Voir plus loin le discours de M. Beaudrier, président du tribunal de Lyon.

citadelle de Blaye, écrivait de sa main
sur le frontispice de la brochure cette
inscription qui est un titre d'honneur pour
notre représentant :

« A M. CHEGARAY, COURAGEUX
MAGISTRAT. »

Passant aux faits qui ont immédiatement précédé l'insurrection, on s'est livré
contre M. Chegaray aux plus violentes
imputations. On les a extraites du livre
de Louis Blanc, intitulé *Histoire des dix
ans*. Voici la teneur textuelle des passages de ce livre, invoqués contre M.
Chegaray :

« *Tome IV, chap. V, page* 266 — Seul le
pouvoir aurait étouffé ou du moins éloigné la
crise s'il l'avait voulu ; tout concourt à prouver
qu'il ne le voulut pas. En vain le président du
tribunal, M. Pic, demande-t-il que l'affaire des
mutuellistes soit transférée à un autre tribunal,
doit que la loi a mis en réserve pour certaines
circonstances graves. La demande de M. Pic est
repoussée.... pour frapper un grand coup... 15
bataillons.... 7 escadrons.... c'est-à-dire 10,000
hommes.... sont réunis. » .

« *Ibidem page* 267. — A quelques heures de là
dans la soirée (du 8 avril), MM. Gasparin, Duplan,
Chégaray, le lieutenant-général Aymard et quelques
officiers d'état-major se réunirent. Le général Aymard
était d'avis qu'on fit occuper la place Saint-Jean

par les troupes de manière à interdire à la foule
les approches du tribunal ; et que de sang épargné
peut-être si cette sage opinion eût prévalu ! Mais
M. Chégaray s'empressa de la combattre et l'emporta. Or il est à remarquer que dans le cours
des événements, l'autorité militaire se montra
constamment portée aux mesures les moins violentes et constamment dominée par l'autorité civile
dont M. Gasparin et M. Chégaray personnifiaient
l'implacable vouloir.......

« *Ibidem page* 281. — Tout-à-coup (le 11 avril
au soir) paraissent les troupes postées dans le quartier Saint-Jean , le bruit se répand qu'on va passer
de l'autre côté de la Saône et que les chefs jugent
indispensable la concentration de leurs forces....
Le quartier Saint-Jean était habité par plusieurs
fonctionnaires entr'autres par M. Duplan homme
modéré qui dans l'exercice d'un ministère rigoureux
avait su s'attirer jusqu'à l'estime de ses adversaires
et qui à cause de cela sans doute n'avait pas été initié
aussi complètement que M. Chégaray, son inférieur,
aux instruction mystérieuses venues de Paris....
Averti pendant la nuit qu'on allait abandonner le
quartier Saint-Jean.... il courut à la préfecture
moins effrayé que surpris.....quelques instants après
l'ordre était révoqué... »

M. Chegaray aurait pu se borner à dire,
qu'aucune des attaques de Louis Blanc
n'a le moindre trait à *l'imputation d'avoir
demandé à outrance le fonctionnement de
l'échafaud politique dans le procès d'avril*
seul point réel du procès — que c'était

vraiment se moquer que de prétendre
puiser une preuve légale contre un ancien
fonctionnaire du gouvernement de juillet, dans les assertions d'un livre qui
n'est qu'un long et habile libelle contre
ce gouvernement; que les insinuations
que M. Louis Blanc prétend tirer des
faits qu'il suppose dépassent toutes les
bornes du système d'interprétation le
moins scrupuleux; qu'enfin ces assertions
elles-mêmes sont absurdes, puisqu'elles
portent principalement sur la supposition
de mouvements stratégiques faits de l'avis
d'un magistrat préféré à celui d'un lieutenant-général présent, et sur cette autre
supposition d'actes judiciaires pour lesquels l'opinion du procureur du roi l'aurait emporté sur celle du procureur-
général aussi présent.

Mais à ces réponses qui se présentent
spontanément à l'esprit de tout lecteur
tant soit peu raisonnable de l'*Histoire de
dix ans*, M. Chegaray en a joint une plus
péremptoire. On a vu que l'*historien des
dix ans*, et après lui M. Capo de Feuillide,
ne font guère que se prévaloir contre lui
du nom et de l'autorité de M. le procu-

reur-général Duplan et de M. le général
Aymard. M. Chégaray a répondu par le
témoignage de ces deux hommes honorables et éminents.

Laissons-les parler. Voici d'abord la
grave déclaration M. Duplan :

« Paris, 18 avril 1848.

» Monsieur et honorable ancien collègue,

» Vous avez, sans aucun doute, les plus jus-
tes sujets de vous plaindre de l'explication que
donne M. Louis Blanc, dans son histoire de dix
ans, de l'insurrection qui a éclaté à Lyon en 1834.
Je n'hésite pas à reconnaître qu'à l'égard des mesures de répression qui furent adoptées, on vous
y attribue, soit des influences, soit des intentions que vous n'avez jamais eues.

» Mais permettez moi de vous observer, d'abord,
que vous vous affectez trop vivement peut-être
de relations purement historiques, toujours do-
minées, dans les histoires contemporaires, par
l'esprit de parti, qui ne juge jamais les faits qu'à
son point de vue, et qui, pour atteindre ce résultat, est souvent forcé de leur assigner des
causes qui ne sont pas vraies.

» Vous pourriez même accepter, ce me semble,
toutes les insinuations malveillantes dirigées contre
vous et vous croire pleinement justifié par le
sentiment intime de n'avoir pas outre-passé les
devoirs que vous imposaient vos fonctions et vos
propres convictions. Quand, en effet, il serait
aussi certain qu'il est faux, (ici j'entre dans les
assertions de l'historien) que vous eussiez, 1.º émis

l'avis que l'on ne devait pas renvoyer l'affaire
des mutuellistes, pour cause de sûreté publique
ou de suspicion légitime, devant un tribunal cor-
rectionnel autre que celui de la localité seul com.*
pétent légalement, 2.º que vous vous fussiez opposé à ce que la force armée occupât les abords du
tribunal pendant les audiences consacrées au jugement du procès, 3.º que le malheureux projet
qu'aurait eu l'autorité militaire, pendant les six
jours du combat dans les rues de Lyon, d'abandonner la rive droite de la Saône, aurait été le
résultat d'instructions mystérieuses venues de Paris,
auxquelles vous, procureur du Roi, vous auriez
été initié de préférence à votre procureur général; qu'y aurait-il là qui aurait pu vous valoir
le blâme public, les anathèmes et les flétrissures
de l'inexorable histoire ? je n'y vois pas même
le fondement aux reproches d'un zèle exagéré.
Tout au plus, vous auriez, par une mauvaise ap-
préciation des circonstances, indiqué ou conseillé
de fausses mesures, et, encore une fois où se●
raient les torts du procureur du Roi vis-à-vis les
ennemis du gouvernement qui l'attaquaient à main
armée ?

» Ces premières observations, Monsieur, n'ont
pas pour objet d'éluder les explications que vous
me demandez sur les imputations dirigées contre
vous dans l'histoire de 10 ans. Voici, relativement
à chacune d'elles, ce que me retracent mes sou-
venirs d'autant plus profonds qu'ils se rattachent à
des événemens d'une immense gravité.

» En premier lieu, la prétendue demande de M.
le président Pic, du renvoi de l'affaire correc-
tionnelle des mutuellistes devant un tribunal autre
que celui de Lyon, est une supposition toute gra-

tuite. C'est à moi, procureur-général, qu'elle aurait dû être adressée et jamais elle ne m'a été faite ni officiellement, ni même officieusement. Je déclare même, au risque de voir incriminer mes intentions, que j'aurais repoussé de toutes mes forces une demande de cette nature, et cela, autant dans l'intérêt des inculpés que dans l'intérêt d'une juste répression : *Dans l'intérêt des inculpés*, parce que je les aurais privés de l'assistance consolante de leurs familles et surtout de l'influence qu'ils devaient espérer des manifestations de leurs nombreux amis sur l'esprit de leurs juges, influences qui ne m'inspiraient pas la moindre inquiétude. *Dans l'intérêt d'une bonne justice répressive*, par ce que les deux exemples récents que j'avais de l'acquittement des accusés de l'émeute de 1831, renvoyés de Lyon devant la cour de Riom, ainsi que de l'acquittement des accusés du Carlo-Alberto, renvoyés d'Aix à Montbrison, avaient du m'apprendre que toute poursuite judiciaire, en matière politique, était mal appréciée, tant à charge qu'à décharge, si elle était soustraite à ses juges naturels, témoins occulaires des événemens, et par conséquent plus capables d'en juger les conséquences. Conclure de ce fait, que je démens, comme on l'a fait dans l'histoire de 10 ans, que le renvoi à un autre tribunal, *aurait étouffé ou au moins éloigné la crise*, c'est la manœuvre habituelle des partis qui sont réduits à dénaturer la vérité pour créer des torts à l'autorité. Dans tous les cas, l'autorité fût-elle blâmable dans l'espèce, je ne vois pas que le blâme pût réfléchir contre vous. Je passe à une seconde imputation.

» On lit dans l'histoire de 10 ans, tome 4, » page 287 : MM. Gasparin, Duplan, Chégaray, le

» général Aymard et quelques officiers d'état-major
» se réunirent. Le général Aymard était d'avis
» qu'on fit occuper la place St-Jean par les trou-
» pes de manière à interdire à la foule les ap-
» proches du tribunal : et que de sang eût été
» épargné peut-être si cette sage mesure eût pré-
» valu ! ! mais M. Chégaray, s'empressa de la
» combattre et l'emporta. Or, il est à remarquer
» que, dans le cours des événemens, l'autorité
» militaire se montra constamment portée aux
» mesures les moins violentes et fut constamment
» dominée par l'autorité civile, dont MM. Gas-
» parin et Chégaray personnifiaient l'implacable
» vouloir. »

» Là encore, autant de mots, autant de trans-
formations de la vérité.

» Une première réunion des autorités eut lieu,
le 4 avril. La cause des mutuellistes devait être
portée à l'audience du lendemain 5 ; il est vrai
qu'on y agita la question de savoir si l'audience
devait être protégée par la force armée. Mais
ce que l'historien des dix ans affecte de passer
sous silence, c'est que M. Pic, président de la
chambre appelée à juger l'affaire, déclara que
la magistrature ayant toujours été respectée à
Lyon, il y aurait de graves inconvéniens à l'en-
vironner d'un appareil de force et que pour son
compte, il n'en voulait pas. Cette opinion ne fut
pas combattue, et l'on se borna à placer, le 5
avril, un piquet de quelques militaires dans la
cour du tribnnal. On sait ce qui arriva ; des violences éclatèrent : il fallut renvoyer l'affaire à la
semaine suivante ; les soldats, trop peu nombreux,
furent cernés, pressés et désarmés, des témoins
à charge furent assaillis, et le procureur du Roi

qui voulut les défendre fut lui-même exposé à de mauvais traitemens. Dès ce moment, la nécessité de protéger l'audience fut évidente pour tout le monde.

» Aussi, dans une seconde réunion des autorités qui eut lieu, le 7 avril, aucune délibération ne s'engagea et ne pouvait s'engager sur ce point. Le maréchal de camp Buchet déclara, très péremptoirement, qu'après ce qui s'était passé à l'audience du 5, il fallait que le tribunal fût entouré d'une force imposante, qu'il importait surtout d'éviter un contact trop immédiat de la troupe avec la foule ; qu'en conséqnence, il placerait des soldats sur la terrasse de l'hôtel du tribunal, qu'on en placerait aussi dans la cour de l'archevêché peu éloigné de l'auditoire, mais qu'au moyen de ces précautions, on laisserait la place St-Jean libre et accessible à la population. Voilà les faits tels qu'ils se sont passés.

» L'initiative des mesures militaires appartenait au général ; quand il les fit connaître, nul ne se permit de les improuver ; ni le préfet, ni le procureur du roi, ni personne ne songea à demander l'occupation de la place Saint-Jean par la troupe, et si ce fut une faute, il faut l'attribuer à qui elle appartiendrait ; mais, s'il m'est permis de manifester mon opinion sur les dispositions militaires ainsi arrêtées, je dirai sans hésitation qu'elles étaient préférables à celle d'interdire l'accès de la place St-Jean ; car, de cette place, la foule se trouvant à proximité de l'auditoire, pouvait plonger ses regards dans la cour du tribunal, et même entendre le bruit de l'audience : mais, tenue à distance, et au milieu de l'extrême agitation des esprits, la foule pouvait concevoir des inquiétudes sur le sort de ses chefs, et à la moindre insinuation s'exalter au point de se livrer à tous les excès. Comment donc oser dire aujourd'hui que l'occupation de la place St-Jean aurait prévenu l'effusion du sang ? c'est une conjecture à laquelle on se livre, et les probabilités mêmes la repoussent ; c'est au reste un résultat que l'autorité militaire serait bien pardonnable de n'avoir pas entrevu.

» Toujours reste-t-il bien démontré, je crois, que l'histoire de dix ans est arrivée à de fausses assertions quand elle a dit que le général Aymard *était d'avis de faire occuper militairement la place St-Jean*, que cette opinion *fut combattue par M. Chégaray qui l'emporta*, que dans le cours des événemens l'autorité militaire, *toujours disposée aux mesures les moins violentes, fut constamment dominée par l'autorité civile, dont MM. Gasparin et Chegaray personnifiaient l'implacable vouloir.*

» Et qu'on ne croie pas qu'en discutant ces assertions historiques, mon intention soit de vouloir affaiblir le témoignage honorable de modération qu'on attribue à l'autorité militaire ; elle en a donné la preuve la plus éclatante en s'abstenant d'employer les grands moyens de destruction que la loi de la guerre autorise contre une ville assiégée. Ma seule pensée a été d'établir qu'il y a eu un constant accord entre les autorités militaires et civiles, que chacune a agi dans les limites du devoir et de la conscience, et qu'il n'y a pas de raison de louer l'une au détriment de l'autre.

» Il n'y a pas plus de fidélité dans un autre Passage de l'histoire de 10 ans (tome 4, page 281.)

où l'on me fait suivre une ligne de conduite loua-
ble, que, sans doute, je n'ai pas d'intérêt à
démentir, mais qu'il est de mon devoir de ré-
duire à sa juste expression, et, surtout de dé-
gager de tout ce qui incriminerait les actes et les
intentions des autorités qui me prêtèrent leur con-
cours. Il est très vrai que, dans la soirée du
11 avril (si je ne me trompe) l'autorité militaire
conçut le projet d'évacuer la position qu'elle oc-
cupait sur la rive droite de la Saône, c'est-à-
dire, le quartier St-Jean où j'avais mon domi-
cile, que le général m'en fit avertir dans la nuit,
que je me transportai aussitôt à la préfecture pour
exprimer ma surprise de cette résolution et les
conséquences fâcheuses qui pouvaient en résulter,
que le général Buchet m'écouta avec la bienveillance d'un homme qui ne demande qu'à être éclairé,
que quelques-unes de mes représentations firent
impression sur son esprit, qu'il fut en conférer
avec le général Aymard, et qu'il revint un instant après pour me dire ces propres paroles qui
sont restées gravées dans ma mémoire par la vive
satisfaction qu'elles me donnèrent : » M. Duplan,
» votre quartier ne sera pas évacué cette nuit ;
» mais je ne m'engage à le garder que pour 24
» heures seulement : c'est tout ce que je peux
» vous accorder en ce moment. » j'avoue franche-
ment que cette assurance me combla de joie, je
sentais l'avantage de gagner du temps : je comp-
tais sur les opérations militaires du lendemain, et
j'avais raison ; car la situation militaire changea
en effet de face, le projet d'évacuation fut définitivement abandonné ; le quartier S.t-Jean fut
préservé d'une dévastation inévitable et j'en rendis grâces à Dieu. Voilà ce qui m'est personnel.

Tout autre à ma place en eût fait autant, je ne
vois là rien à glorifier.

Ce qu'il ne faut pas perdre de vue, ici, c'est
que le projet d'évacuer la rive droite de la Saône,
conçu dans la soirée du 11 avril et abandonné
à deux heures du matin, ne subsista pas pendant plus de six heures.

» Ce qu'il faut que l'on connaisse encore, c'est
la raison qui inspira ce même projet. Elle me
fut révélée par la réponse franche et spontanée
du général Buchet aux premières marques de mon
étonnement sur une semblable résolution. Vous
avez pu voir dans cette journée, me dit-il, les
insurgés se montrer en nombre sur les hauteurs
de S.t-Just jusqu'au faubourg de Vaise, et d'un
autre côté, sur la rive gauche du Rhône,
depuis la Guillotière jusqu'au faubourg S.t-Clair :
nous sommes donc débordés par l'ennemi sur nos
deux ailes ; il y a pour nous nécessité de concentrer nos forces, et c'est ce qui nous oblige à
rappeler les deux bataillons qui défendent le
quartier S.t-Jean. Ce que me disait le général
était vrai, et je ne parvins à modifier sa déter-
mination qu'en lui faisant sentir le parti avanta-
geux que la révolte tirerait du mouvement rétro-
grade. Suivant moi, elle sonnerait le tocsin avec
la grande cloche de S.t-Jean qui se fait entendre à trois lieues de la ville ; ce serait pour les
rebelles le signal d'une victoire, et les gens sans
aveu des campagnes arriveraient en foule pour
prendre part au pillage, en telle sorte que, pour
le besoin d'une concentration de forces qu'on
pouvait au moins différer, on augmenterait in-
failliblement le nombre de ses ennemis. Voilà
comment le général se décida à suspendre l'éva-

3

cuation de mon quartier, et pourquoi, en même
temps, il ne voulut s'engager que pour une suspension de 24 heures. Cette suspension devint in-
définie parce que, le lendemain, quelques obus
lancés sur la Guillotière et l'attitude des proprié-
taires de ce faubourg important firent disparaître
es révoltés de toute la rive gauche du Rhône,
et signalèrent déjà le triomphe de l'autorité.

D'après toutes ces circonstances, ne paraît-il pas
étrange que l'Histoire de dix ans veuille insinuer
que le projet d'abandon du quartier St-Jean *fut
le résultat d'instructions mystérieuses venues de
Paris, auxquelles M. Chegaray avait été initié
de préférence à M. Duplan, son supérieur ?* Cela
n'était ni vraisemblable, ni possible. Peut-on ad-
mettre que le gouvernement eût conseillé une mesure qui aurait été aussi défavorable à sa cause ?
Est-il même possible de penser que le pouvoir
ait pu avoir à l'avance connaissance d'un projet
d'évacuation commandé par les mouvemens stratégiques que l'ennemi venait d'opérer dans la journée même, projet qui n'a vécu que quelques heures et déserté presqu'aussitôt qu'entrevu? Je doute
même que l'idée ait jamais été communiquée au
gouvernement, ni avant, ni après qu'elle avait
surgi. Elle n'aurait pas pu lui être communiquée
avant les démonstrations de la révolte dans la journée du 11 avril : elle n'aurait pas pu être communiquée par la voie télégraphique, parce que les bâ-
timens du télégraphe étaient coupés par l'insurrection; et lorsqu'on eut renoncé à cette pensée d'un
moment, à quoi bon en instruire le gouvernement ?

En vérité, quand un historien se livre à des
insinuations repoussées par l'ordre des choses autant
que par la vraisemblance, il est permis de sup-

poser qu'il a un but tout autre que celui de faire connaître la vérité aux générations à venir. Croyez-moi, Monsieur, ne prenez pas plus à cœur l'imputation d'avoir été l'intermédiaire *d'instructions mystérieuses* qui vous auraient été adressées de Paris dans cette occasion, que celle de vous être opposé à l'occupation militaire de la place St-Jean, pendant que l'on jugeait les mutuellistes. *Je le dis hautement, si votre conduite était répréhensible dans les événemens de Lyon, la mienne le serait pareillement; car nous avons agi de concert, vous et moi, et nos intentions, comme nos actes, ont été les mêmes.*

Aussi, Monsieur, veuillez croire que, quoiqu'on puisse dire ou imprimer contre vous, mon estime vous restera irrévocablement acquise.

DUPLAN.

Mon honorable collègue,

Je vous adresse les explications que vous m'avez demandées sur les événemens survenus à Lyon, en 1834. Je ne me suis pas dissimulé que la publicité qu'elles recevraient pourrait, dans les circonstances actuelles, compromettre ma position. Mais vous avez fait appel à mon témoignage, et j'aurais considéré comme une lâcheté de ne pas y répondre, quelles qu'en pussent être les conséquences. Vous ferez donc l'usage que vous jugerez convenable de mes déclarations.

Croyez à mon dévouement. DUPLAN.

Paris, 18 avril 1848 (1).

(1) A la date de cette lettre, M. Duplan était conseiller à la Cour de Cassation, et Louis Blanc, membre du gouvernement provisoire, signait le décret suspensif de l'inamovibilité.

Voici maintenant la déclaration non moins nette et non moins grave du général Aymard :

« La Gatimèle près Carcassonne,
» 21 juillet 1849.

» Mon cher Monsieur,

» Je suis souffrant et malgré cela je ne veux point attendre plus longtemps pour répondre à la lettre que vous m'avez fait l'honneur de m'écrire le 7 du courant, dans laquelle vous m'avez fait parvenir celle que vous écrivit M. Duplan le 18 avril 1848. Je n'entrerai pas dans beaucoup de détails sur les faits que contient cette lettre, ils sont généralement exacts et je n'aurai que peu de rectifications à y faire, parce que M. Duplan ne pouvait dans certaines circonstances connaître les motifs et les combinaisons qui obligeaient l'autorité militaire à modifier ou à prendre des mesures que ces mêmes circonstances commandaient. Ce n'est pas ma mémoire, mais bien le rapport que j'adressai au ministre de la guerre sur les événements de Lyon qui va me fournir les moyens de vous faire connaître l'exacte vérité sur ces événemens et le rôle que les différentes autorités y ont joué, et vous verrez que le vôtre est tout à votre avantage.

1.º .... « Le 4 avril, les autorités se » réunirent chez le lieutenant-général ; dans » cette réunion on agita la question de savoir si » le tribunal qui devait juger le lendemain les » mutuellistes devait être protégé par la force » armée ; l'autorité judiciaire s'y opposa en dé- » clarant que la justice avait été toujours respectée

» à Lyon ét qu'elle ne voulait pas qu'on la taxât
» de n'avoir prononcé son jugement que sous la
» protection des bayonnettes. On demanda qu'il
» ne fût pris aucune mesure extraordinaire de sûreté
» et il fut convenu que le tribunal aurait sa garde
» habituelle.

» Le 5, la séance commença devant un nom-
» breux et bruyant auditoire. Plusieurs fois elle fut
» troublée. Le président, vers 11 heures du matin,
» requit le commandant de la place d'envoyer 100
» hommes au tribunal. C'était trop peu ; il eût
» fallu demander un fort détachement. Par un sur-
» croît de malheur, les 100 hommes demandés
» furent pris dans deux quartiers différents. Ils ar-
» rivèrent en deux détachements; l'un d'eux, fort
» de 60 hommes, commandé par un capitaine,
» pénétra à grand'peine à travers la foule qui obs-
» truait les abords du tribunal jusque dans la
» cour et s'y forma; l'autre détachement ne put
» y parvenir. La séance venait d'être levée quand
» M. le procureur du roi voyant maltraiter un
» témoin à charge, voulut le protéger et fut vio-
» lemment froissé lui-même, sans égard pour son
» caractère. Ceignant une écharpe, il se porte à
» la tête du détachement d'infanterie, fait les
» sommations, fait évacuer la cour et se retire
» au parquet. Peu d'instans après, cette cour est
» envahie de nouveau, et le capitaine d'infan-
» terie voit indignement maltraiter à quelques pas
» de lui un brigadier de gendarmerie sans lui
» porter secours ; serré, pressé de toutes parts,
» il cède aux injonctions, aux menaces de la
» foule furieuse et se retire tambour battant,
» abandonnant son poste aux acclamations des fac-
» tieux et aux cris de vive la ligne.

» Un conseil de guerre est saisi de cette affaire,
» dont le jugement a été différé par les derniers
» événemens. »

2.° .... Une réunion des autorités civiles
» et judiciaires eut lieu le 8 à la Préfecture. J'in-
» vitai le général Buchet à y assister. *Cet officier-*
» *général, voulant ôter tout prétexte à la mal-*
» *veillance et isoler l'infanterie d'un contact trop*
» *immédiat avec les promeneurs dans des loca-*
» *lités resserrées, proposa d'occuper la cour du*
» *tribunal par un fort piquet, mais de n'avoir*
» *aucune troupe sur la place, afin d'y laisser la*
» *circulation absolument libre, avec une forte*
» *réserve à l'archevêché; il avait le double avan-*
» *tage de s'isoler et de protéger le tribunal, dont*
» *il n'était séparé que par une place étroite. Ce*
» *point convenu, on se sépara.* »

Voici maintenant ce qui a rapport à ce que dit
M. Duplan, à la page 7 de sa lettre. On ignorait
sans doute à Lyon que l'arsenal de cette ville
est seulement une succursale de celui de Grenoble
qui envoie les approvisionnemens. Nos conscrits
font ordinairement une grande consommation de
cartouches en combattant; j'allais bientôt en manquer et j'en attendais 300,000 de Grenoble qui
devaient être en route et je n'en avais point des
nouvelles. D'un autre côté, j'attendais un renfort
de troupes des 8.° et 9.° divisions militaires que
le ministre de la guerre avait mises à ma disposition, mais elles ne pouvaient arriver de sitôt
à Lyon. Une insurrection venat d'éclater à St-
Etienne, où se trouvaient 12,000 fusils neufs dans
la manufacture. Le département de la Loire venait
d'être réuni à ma division. On me demandait des
troupes de tous côtés dans les six départemens qui

la composaient, et j'aurais, d'après les ordres du ministre dû envoyer un bataillon du 19.ᵉ léger à Mâcon qui n'était point dans mon commandement. L'insurrection était générale dans la ville de Lyon, et il fallait se frayer un passage à travers les barricades pour aller chercher des vivres à la manutention militaire établie à Serin. Voici ce que contient mon rapport au ministre sur la journée du 11 avril, sur le fait dont parle M. Duplan.

« .... On apprenait qu'un mouvement in-
» surrectionnel était éclaté à St-Etienne; on
» n'en connaissait point les résultats, mais l'es-
» corte des bagages du 16.ᵉ léger avait été dé-
» sarmée en route par des insurgés. La garde em-
» busquée au pont de la Mulatière était attaquée.
» On annonçait l'arrivée d'un grand nombre d'hom-
» mes armés par les hauteurs de S.ᵗᵉ Foye, je dus
» penser alors à concentrer tous mes moyens, et
» prévoyant le cas où je pourrais être obligé
» d'abandonner la rive droite de la Saône pour me
» concentrer, me reformer une réserve avec la-
» quelle je pusse rétablir mes communications
» avec les magasins et appuyer les attaques dans
» la direction des Terreaux, je fais prendre des
» mesures propres à me rendre maître du passage
» de la Saône et à le fermer aux insurgés. Toutes
» ces dispositions sont prises dès le matin par le
» général Buchet, et je suis prêt pour l'exécution
» de ce mouvement *s'il devient indispensable.* »
Voilà ce que je dis au ministre, et voici ce qu'il ignora. Par je ne sais quelle fatalité, un ordre aussi précis que celui que j'avais donné pour exécuter le mouvement *s'il devenait indispensable*, d'après mes ordres, fut mal interprété, et par je ne

sais quel hasard un faux mouvement de troupes fut
arrêté. Le 11 avril, vers minuit, j'étais monté
à cheval avec mon chef d'état-major le colonel
Aupick, et |quelques officiers d'état-major pour vi-
siter quelques postes ; je revenais du Pont au
Change, et en voyant de loin la cathédrale, je
dis à haute voix : « non, on ne peut abandonner
une pareille position, ou il faut tout abandonner ;
je la considère comme la citadelle de la rive
droite. » Comme je parlais ainsi, j'aperçus dans
l'ombre comme une colonne de troupes qui arrivait sur le pont de Tilsitt par la rive droite ;
je fis courir le colonel Aupick pour savoir ce que
c'était, et lorsqu'il m'eut rendu compte que le
7.e léger venait d'abandonner ses postes, je le
fis rétrograder et réoccuper les positions qu'il
avait été jusques-là chargé de défendre. Le général Buchet, à qui je demandai des explications
à cet égard, m'assura qu'on avait mal interprêté
les ordres qu'il avait donnés. Nous nous trouvions
dans des circonstaces pénibles ; je ne poussai point
les investigations plus loin. Je reçus le lendemain
des nouvelles de St-Etienne et il ne fut plus question d'évacuer la rive droite de la Saône. Vous
voyez que malgré les meilleures combinaisons,
le hasard joue quelque fois un grand rôle dans
les opérations militaires.

Maintenant Louis Blanc a pu dire tout ce qu'il
a voulu dans son Histoire de dix ans et dans l'intérêt de son parti ; j'en ai levé les épaules et n'ai
pas voulu, en le réfutant, me laisser entraîner
sur le terrain de la discussion, car c'est ce que
désirent tous les hommes passionnés.

Non, il n'y a pas eu à Lyon d'instructions
mystérieuses venues de Paris, à l'occasion des

événemens du mois d'avril 1834. Toutes les autorités ont marché d'accord dans les mesures prises
pour soumettre l'insurrection, et quoiqu'on ait
fait et écrit contre moi, fort de l'approbation du
gouvernement que j'ai servi avec dévouement,
j'ai dédaigné de répondre à tous les folliculaires
et méprisé tout ce qu'ils ont écrit d'erroné et
avec de mauvaises intentions sur ces funestes
événemens.

Pour vous prouver, mon cher Monsieur, combien j'étais pénétré de ce que je viens de vous
dire, voici copié mot-à-mot le dernier paragraphe
de mon rapport au ministre de la guerre sur les
événemens de Lyon en avril 1834 :

« M. le Préfet, M. le Maire, ses adjoints,
» toutes les autorités civiles et judiciaires avaient
» rivalisé d'efforts pour prévenir cette funeste ca-
» tastrophe. Pendant ces douloureuses journées,
» on les a vus fidèles à leur mandat, partout
» où leur présence pouvait être réclamée. Aucune
» mesure utile, même de prévoyance n'a été né-
» gligée. Je me plais à vous signaler que chacun
» a fait son devoir. Peut-être jugerez-vous conve-
» nable d'en donner l'assurance à M. le ministre
» de l'intérieur et à M. le garde-des-sceaux. »

Excusez, mon cher Monsieur, tout ce qu'a de
décousu ce grifonnage ; comme je vous l'ai dit
en commençant, je suis souffrant, j'écris à la
hâte parce que je n'ai pas voulu, en attendant
du mieux, vous faire attendre trop long-temps
une réponse que j'aurais voulu vous donner d'une
manière plus complète et selon toute l'estime
que je dois à votre noble caractère et à l'attachement que j'ai pour vous.

Votre tout affectionné, V. AYMARD.

On n'a pas essayé de contester la décisive autorité de ces lettres contre la valeur des assertions odieuses de l'*Histoire de dix ans*. On a seulement objecté qu'elles étaient écrites à des époques récentes ; mais d'une part la lettre de M. Duplan (décédé avant le procès, conseiller à la cour de cassation) est de plus d'un an antérieure au procès, et quant à celle du général Aymard, elle n'est que la copie de ses rapports écrits au moment même des événements. Enfin, ces lettres sont entièrement conformes à des documents publics, authentiques et qui sont depuis longues années à la disposition de tout le monde : tels sont les débats de la chambre des députés dans la séance du 6 avril 1835, et particulièrement le discours de M. Thiers, telles encore les dépositions de M. le général Aymard, de M. le colonel Canuet et de M. le général Buchet dans le procès d'avril.

M. le général Buchet, de qui émanait, ainsi qu'on le voit dans les lettres de MM. Duplan et Aymard, l'initiative des mesures qui ont laissé libre la place St-

Jean, s'exprime notamment ainsi dans
sa déposition publiée depuis 15 ans :

« Après m'être concerté avec l'autorité civile, en
exécution des intentions du lieutenant-général J'AR-
RÊTAI les dispositions suivantes :

» Garnir la cour du Palais de troupes suffisantes
pour faire respecter les magistrats et la publicité
de l'audience, et afin d'éviter l'inconvénient de ne
présenter que de l'infanterie à une foule qui pouvait devenir turbulente. Et sur l'avertissement qui
en fut donné six dragons furent placés à l'entrée
du passage. Et afin d'éviter encore tout prétexte
d'irritation, aucun homme ne fut placé sur la
place S.ᵗ-Jean. Des troupes stationnaient dans la
cour de l'archevêché et comme c'était une compagnie du 7.ᵉ qui avait été insultée (le 5), je choisis
de préférence ce régiment pour montrer à la multi-
tude par l'attitude ferme et calme de ce corps,
qu'elle n'avait pas à espérer comme on s'en était
vanté de trouver des partisans parmi la troupe. »
(Procès d'avril, déposition des témoins, pages
12 et 13.

Voir aussi le *Moniteur* du 5 juillet 1835,
page 1660, 2.ᵉ colonne.)

Il reste donc démontré avec la plus
complète évidence que tout ce qui a été
débité imprimé et répété contre M. Chégaray par l'Histoire de dix ans ou sur sa
périlleuse autorité, en ce qui concerne
les actes précurseurs des événemens graves est faux, matériellement faux, au dire

notamment du général Aymard et de M.
Duplan auxquels Louis Blanc et ses copis-
tes essayent de sacrifier M. Chégaray. Il
n'est pas moins évident que la preuve de
cette fausseté se trouve dans des documents publics que tout le monde a pu
connaître depuis 15 ans et qui sont en
parfaite harmonie avec les déclarations
si explicites produites par M. Chégaray
et que lui ont adressées MM. Aymard et
Duplan.

On a encore reproché à M. Chégaray
d'avoir en quelque sorte excité en ne la
poursuivant pas, la violence des journaux
qui poussaient à l'insurrection et notamment de *La Glaneuse.*

Ce reproche qui ne cadre guère avec
celui *d'implacabilité sinistre* n'est pas
mieux justifié par les faits.

Ferton, l'un des gérants de *La Glaneuse,* fut notamment condamné à 15
mois de prison et 5,000 fr. d'amende par
arrêt de la cour d'assises du Rhône du 15
mars 1834 de très peu antérieur à l'insurrection.

Granier, autre gérant et rédacteur en
chef, était de son côté non seulement con-

damné *mais en prison par suite de con-
damnations* lorsque l'insurrection éclata.

L'un et l'autre étaient à la même époque poursuivis comme membres de la
société des droits de l'homme.

Il est donc faux que ces écrivains aient
pu être encouragés au désordre par aucune faiblesse du procureur du roi.

—

Venant à l'insurrection elle-même, à
la procédure qui l'a suivie, aux débats
et à l'arrêt devant la cour des Pairs, M.
Chégaray a démontré victorieusement par
des chiffres et des faits combien peu il a
mérité le reproche *d'implacabilité sinistre*
et celui d'avoir *demandé à outrance le
fonctionnement de l'échafaud.*

L'insurrection d'avril a duré six jours.
Lorsqu'elle cessa le 16 avril, M. Chégaray reçut par le télégraphe l'avis que
la cour des Pairs était saisie et qu'il était
attaché à son parquet comme avocat général chargé de remplacer à Lyon le procureur général qui était retenu à Paris.
La tache était immense, effrayante. 760
inculpés avaient été arrêtés à Lyon ou
dans ses faubourgs par la troupe ou la
police. Ils étaient accumulés dans des

prisons insuffisantes. Rien n'était plus difficile que de constater les causes de l'arrestation, la part de criminalité de chacun d'eux et que de se reconnaître au milieu des immenses détails d'un attentat dont la perpétration avait duré six jours dans une ville de 200,000 âmes.

En un mois et demi , à la date du 7 juin , l'information méthodiquement répartie entre 7 ou 8 magistrats instructeurs et dirigée avec une activité incessante au prix du plus grand labeur, avait permis de rendre à la liberté par de simples décisions des juges instructeurs 324 détenus; 285 autres (en tout 608) furent en outre libérés par des ordonnances ou des arrêts de non lieu généralement conformes aux réquisitoires du ministère public.

Cette énorme instruction qui pour Lyon comprenait 760 inculpés et 2,000 témoins environ , était achevée dès le 5 août 1834, en trois mois; il en résulta finalement que 84 seulement des prisonniers furent soumis au jugement après mise en accusation; encore sur ces 84 se trouvait-il 22 coutumaces.

Ainsi 62 prisonniers et 22 contumace

sur près de 800 inculpés furent seuls mis
en jugement. Est-ce là de *l'implacabilité
sinistre?* Est-ce là poursuivre à *outrance
le fonctionnement de l'échafaud politique?*

M. Chégaray a du reste prouvé par la
lecture de nombreuses lettres émanées
d'accusés, de leurs parents, de leurs
amis etc. , qu'il avait fait tout au monde
et souvent même engagé sa responsabilité pour adoucir le sort des prisonniers même les plus compromis , en leur
permettant d'aller sur parole, visiter leurs
familles, veiller à leurs affaires, soigner
leur santé. Parmi ces lettres nous en
avons remarqué des accusés, depuis condamnés , Baune , Carrier , Genets, etc...
des inculpés Vincent, Poulard, Ferton,
St-Romain, etc., etc. L'un d'eux ayant
composé un ouvrage dans la prison, l'en-
voyait à M. Chégaray avec ces mots : *reconnaissance d'un prisonnier.*

Un magistrat parent de l'accusé Albert
et venu à Lyon pour suivre l'instruction
écrivait à M. Chégaray la lettre suivante:

« Lyon , 12 mai 1834.

» Monsieur l'avocat-général ,

» Je me suis présenté ce matin chez vous, et
au parquet, sans être assez heureux pour vous voir,

et vous exprimer en prenant congé de vous, les sentimens d'estime que j'ai conçu en vous voyant concilier tout à la fois, la rigueur de vos fonctions, avec les égards dus au malheur et au magistrat, que de déplorables circonstances réduisent à se mettre dans les rangs des solliciteurs; recevez l'expression de ces sentiments et soyez sûr que si vous pénétrez le caractère et le cœur de l'étourdi duquel je vous ai entretenu, vous reconnaitrez en lui une dupe de quelques intrigants plutôt qu'un homme pervers.

» Recevez, je vous prie. etc.

Signé, VERNIÈRE.

Le sieur Genets l'un des condamnés auquel après l'amnistie M. Chegaray avait eu le bonheur de procurer d'honorables moyens d'existence lui écrivait à propos d'une demande tendant à se faire affranchir de la surveillance légale :

» Paris, le 30 mars 1839.

» Monsieur le procureur-général,

» D'après la permission que vous avez bien voulu me donner ce matin, j'ai l'honneur de vous adresser sous ce pli, une demande à M. le garde des sceaux ; bien que je ne le croie pas indispensable, j'y joins également une supplique au roi dont vous ferez, Monsieur le procureur général, l'usage que vous entendrez.

» Je veux me dédommager ici de l'impossibilité où j'ai été jusqu'à présent de vous exprimer toute ma reconnaissance pour la générosité et la promptitude avec laquelle vous m'avez accordé votre ap-

pni, c'est obliger doublement, Monsieur le procureur général, que d'obliger ainsi, et je ne désire
rien tant qu'une occasion de vous prouver, si petit
et infime que je sois, combien est sincère la gratitude dont je suis pénétré pour tant dé bontés.

» Je suis avec respect, etc.

Signé, GENEST.

M. Jules Favre le défenseur, le conseil
de la plupart des prévenus Lyonnais,
juste alors encore pour le magistrat qu'il
avait vu se livrer avec ardeur au travail
pour arriver le plus tôt possible à la clô-
ture du grand procès dont la conclusion
était également réclamée par les intérêts
de la justice et ceux des accusés, lui écrivait à son tour (M. Chégaray était alors
à Paris) :

« Monsieur ,

» J'apprends par une voie indirecte que Monsieur
Petetin, réfugié en Suisse, est inquiété par le
gouvernement de Genève, et qu'il sera bientôt forcé
de quitter cet asile. J'ai su aussi que par un tem-
pérament d'indulgence, la cour des pairs permettait à certains prévenus de demeurer libres, à la
condition de se représenter lors du procès. Enfin,
Monsieur Marchais nous a affirmé, d'après votre autorité, que Monsieur Petetin pouvait rentrer en
France et venir à Paris sans être inquiété, prouve
qu'il ne mit pas le pied à Lyon. Confiant dans
votre loyauté et sûr qu'une certitude par vous
donnée émanerait d'assez haut pour devenir une

4

garantie, je prends la liberté de vous demander
si M. Marchais se trompait, et si M. Petetin pourrait sans danger rentrer en France.

. » Après avoir beaucoup parlé d'amnistie on croit
généralement ici que tout finira par une déclaration d'incompétence et un renvoi devant les cours
d'assises. Vous devez souffrir, Monsieur, de voir
que tous vos travaux aient si peu servi et que
malgré votre activité, la Cour prolonge encore la
captivité DE GENS QUI SERAIENT JUGÉS DEPUIS LONG-
TEMPS SI TOUT LE MONDE EUT AGI COMME VOUS.

» Agréez, Monsieur, l'assurance de ma haute
considération. .

> Jules FAVRE. »

. Le 5 novembre 1834, Lyon.

M. Jules Favre écrivait encore quelques mois plus tard à M. Chégaray :

» Monsieu ,

» Vous excuserez sans doute la liberté que je
prends de vous écrire, en songeant que si je ne
suis pas prisonnier, je suis au moins le miroir
de quelques-uns d'entre eux, et que je ne puis
de meurer étranger à leurs souffrances. Lorsque j'a-
vais l'honneur de vous voir à Lyon, vous aviez
l'extrême bonté de me dire quel devait être leur
avenir, et vous savez que ces calculs se repré-
sentent sans cesse à l'esprit des malheureux détenus. Toutes vos prévisions sont aujourd'hui dé-
passées. Le mois d'août est bien loin, et les prisonniers gémissent encore. La plupart ignorent
quel crime leur sera reproché, ils sont dévorés
d'inquiétude, étourdis qu'ils sont de mille bruits
bizarres, et croyant toujours partir d'un moment

à l'autre. Si ma mémoire ne me trompe pas., vous me disiez au mois de juillet que leur acte d'accusation leur serait signifié à Lyon, ce qui me paraît de toute justice, puisqu'à Lyon seulement ils peuvent réunir tous les élémens nécessaires à leur défense. A-t-on changé de projet à cet égard ? Leur permettra-t-on d'envoyer à Paris aux frais de l'état un certain nombre de témoins à décharge ? A quelle époque peut-on approximativement fixer l'ouverture des débats ? Je suis peut-être fort indiscret de vous adresser ces questions, mais vous comprendrez, Monsieur, tout ce que je dois souffrir en voyant indéfiniment se prolonger les tortures de ces malheureux. Il faut pour en juger être admis comme moi à l'intimité de leurs confidences et de leurs ménages. La guerre civile et les réactions qu'elle amène sont bien affreuses ; et je vous assure qu'un pareil enseignement est bien fait pour la faire à jamais abhorrer.

» Pardonnez moi, Monsieur, et si vos occupations vous le permettent, ayez l'obligeance de m'envoyer un mot de réponse. Je vous le demande au nom de tant de respectables douleurs que je suis tout à fait enhardi.

» Agréez je vous prie, l'assurance de mes profonds respects.

» Jules FAVRE. »

Le 29 janvier 1835, Lyon.

Le même, M. Jules Favre, écrivait encore à M. Chégaray, le 28 mars 1835, à la veille du procès, dans une lettre qui commence par des détails confidentiels de nature à n'être pas reproduits ici :

. . . .

» Et notre procès, grand Dieu, que devient-il ?
» Sera-ce l'histoire de la grenouille ? N'est-il pas
» bien douloureux de voir toujours s'éloigner l'épo-
» que où tant de malheureux connaîtront leur sort.
» Vous aviez eu l'extrême bonté de m'annoncer l'ou-
» verture des débats pour la fin d'avril ou le com-
» mencement de mai. Peut-être savez-vous aujour-
» d'hui quelque chose de plus précis. Je n'ai pas
» besoin d'assurer que je l'apprendrais avec recon-
» sance. Plus je réfléchis au matériel du procès,
» moins j'en comprends la possibilité, et d'un autre
» côté rien ne me semble plus monstrueusement
« immoral et niais qu'une amnistie. Comment faire
» donc ? Vous le savez mieux que moi et si vous
» voulez laisser tomber quelque peu de ces lumières
» jusque sur notre province vous obligerez infini-
» ment, votre serviteur dévoué.

» *Signé*, Jules FAVRE. »

Ce qui frappe dans ces lettres c'est surtout le ton de haute confiance et de haute
estime dont elles sont empreintes. Il se
concilie assez difficilement, il faut en con-
venir, avec l'amère violence des récriminations auxquelles M. Jules Favre se
laissa emporter dans les débats pour le
besoin de sa cause. Mais ceux qui ont
suivi attentivement la carrière du célèbre
avocat devenu représentant, ne s'étonne-
ront peut-être pas beaucoup de ces va-
riations.

Nous voici parvenus aux débats proprement dits du procès d'avril ; c'est là
qu'aurait du se trouver la preuve de *l'imputation d'avoir demandé à outrance le
fonctionnement de l'échafaud politique,
par suite d'une sinistre implacabilité....*
si une telle accusation avait pu être
prouvée. Mais loin qu'elle l'ait été, M.
Chégaray en a au contraire irréfragable-
ment prouvé la fausseté par la preuve la
plus péremptoire, la citation de son discours ou réquisitoire du 16 juillet 1835,
dans lequel après avoir résumé les faits
généraux et avant de passer aux faits par-
ticuliers aux 27 accusés qu'il était spécia-
lement chargé de poursuivre, il s'exprima
ainsi, nous le répétons :

» Quand nous faisons ce solennel appel à votre
ferme justice, ne pensez pas que nous venions vous
demander une justice sanglante. Non, Messieurs ;
la peine de mort, en matière politique, est écrite
dans nos codes ; elle y est légitimement écrite, c'est
notre entière et profonde conviction ; la plupart des
hommes placés devant vous ont encouru la plus terrible des peines ; et qui peut douter cependant que
votre vœu le plus cher ne soit de l'épargner même
aux plus coupables d'entre eux ? Ils maudiraient,
disent-ils, cette application de l'omnipotence indulgente que vous vous êtes reconnue. Mais ce ne sera
pas la moindre gloire de notre temps que cette alliance

inouïe jusqu'à nous, et qui semblait surtout impossible au lendemain d'une révolution, de tant
de modération avec une juste et nécessaire fermeté.
Cette modération, Messieurs, sera votre honneur dans l'histoire, comme cette fermeté sera le
salut de notre pays. L'histoire comparera vos actes
aux inconcevables outrages dirigées contre vous, et
vous n'aurez pas à craindre son jugement. »

Et qu'on veuille bien remarquer 1.º
que la loi du temps, art. 87 et 89 du
code pénal portait la peine de mort contre les attentats dont étaient prévenus les
accusés d'avril. 2.º Que l'avocat général
n'aurait pu qu'en requérir l'application
s'il avait été devant une cour d'assises.
3.º Qu'il profitait donc du droit souve-
rain que s'était attribué la cour des Pairs
de modifier les peines pour les adoucir,
afin de supplier cette cour de ne pas s'en
tenir à la rigueur de la loi. 4.º Que les
réquisitions proprement dites signées par
le procureur général contenaient une
invocation formelle au même pouvoir
modérateur ainsi que le constate M.
Cauchy. *Précédens de la cour des Pairs
page 531.* 5.º Que cette opposition à
toute justice sanglante *même à l'égard
des plus coupables* concerne tous les accusés et qu'elle est indépendante de l'in-

dulgence plus grande encore sollicitée par
plusieurs d'entr'eux dans les paragraphes
subséquents du réquisitoire qui les con-
cernent particulièrement.

M. Chégaray a cité un grand nombre
de ces passages de son réquisitoire où, non
content d'avoir demandé que la justice ne
*fût sanglante pour aucun des accusés
même les plus coupables*, il se plaît à sol-
liciter pour plusieurs d'entr'eux une indulgence plus étendue. Qu'on lise au
Moniteur des 17 et 18 juillet 1835 les discours par lui prononcés et qu'on dise s'ils
ne sont pas tous inspirés par les sentimens
les plus généreux et les plus humains.
Les passages de son réquisitoire relatifs
aux accusés Morel, Lagrange, Poulard,
Girod, Carrier, Boyet, sont plus particulièrement empreints de ce caractère qui
se retrouve partout. Bornons-nous à reproduire ici le passage relatif à Lagrange
le principal chef comme on sait de l'insurrection :

« L'accusation portée contre Lagrange est parfaitement établie ; mais notre devoir ne serait pas
entièrement rempli, si, en présence du silence obs-
tiné que paraît s'être imposé l'accusé, nous n'in-
diquions à la Cour, non pas les moyens de dé-

fense, mais les circonstances atténuantes qui s'élèvent en sa faveur.

» Lagrange, qui a délibéré sur l'insurrection, ne la voulait pas ; il a combattu après son avis, en obéissant à l'impulsion d'autres hommes qui n'y combattirent pas avec lui, après l'y avoir poussé ; oute criminelle qu'elle soit, cette conduite n'est pas indigne d'intérêt ; il a souvent usé avec humanité de son influence sur les rebelles ; il a arraché l'agent Corteys à une mort presque certaine ; il a en diverses rencontres protégé les personnes et les propriétés. Certes, ces faits ne détruisent pas sa culpabilité ; mais, du moins, il n'a pas ajouté à un crime d'autres crimes ; il en a empêché plus d'un, et votre justice impartiale lui en tiendra compte, malgré la violence insensée d'une partie de sa défense. »

Le *Moniteur* constate que ces paroles furent accueillies par *un bravo* parti du banc des accusés.

Nous avons déjà dit au surplus que dans sa plaidoirie du 18 juillet qui suivit immédiatement le discours de M. Chegaray, M. Jules Favre reconnut expressément que les conclusions de l'avocat-général étaient exclusives de la peine de mort, et l'avocat en « *remercia la civi-* » *lisation de notre temps qui permettait* » *d'invoquer devant la Cour au lieu des*

» conséquences du code pénal, celles des
» mœurs publiques. »

(*Moniteur* du 19 juillet 1835,
page 1740.)

Et c'est en présence de tels faits qu'on
reproche aujourd'hui à M. Chegaray d'a-
voir avec *une implacabilité sinistre demandé le fonctionnement de l'échafaud
politique !*

La fausseté de cette imputation, seule
cause et seul point vrai du procès, était si
manifeste qu'il a bien fallu se retourner
et chercher d'autres crimes à M. Chegaray. On est donc allé commenter toutes
les récriminations que les accusés d'avril
et leurs défenseurs avaient accumulées
dans les débats contre le gouvernement et
le ministère public, pour détourner eux
aussi l'attention du véritable point de
leur affaire. Revenons aussi brièvement
que possible sur toutes ces attaques, et
prouvons toujours par des citations et des
faits qu'aucune d'elles n'a pu ni ne peut
atteindre M. Chegaray.

On n'a pas craint de dire que l'insurrection d'avril avait été provoquée par le
gouvernement. Mais qui ne sait qu'elle

éclata à peu près simultanément à Lyon, à Saint-Etienne, à Paris, à Arbois, à Lunéville, à Grenoble. Qui ne sait qu'à Lyon des barricades furent élevées à la même heure dans tous les quartiers ; qui ne sait que la Société des Droits de l'Homme était partout à la tête du mouvement dans lequel elle parvint malheureusement à entraîner à Lyon les sociétés mutuellistes ou d'ouvriers ; que le drapeau rouge était partout arboré et la déclaration des droits de 1793 partout placardée dans les postes des insurgés ; qui ne sait que les comités des droits de l'homme se composait à Paris de Cavaignac, Berryer-Fontaine, Recurt, Vignerte, etc.; à Lyon, de Baune, Antide Martin, Bertholon, Albert, Hugon ; qu'elle avait pour chef à Saint-Etienne Marc Caussidière, à Valence Chancel, à Châlons Menand, etc., etc. tous ou presque tous coryphées, aujourd'hui comme alors, des partis les plus avancés ? Et qui croira jamais qu'une association conduite par de pareils hommes, qui n'ont jamais dissimulé leur volonté de renverser par la force le gouvernement de Juillet et qui ont fini par y réussir, n'ait fait cependant que céder aux provocations de ce gouvernement !

Nous verrons au surplus bientôt le langage qu'a tenu à cet égard, depuis la révolution de février, M. Lagrange le principal chef de l'insurrection de Lyon, l'un des chefs aussi de l'insurrection de février, et qui a du moins lui, le courage et la sincérité de ses actes comme de ses opinions.

Entrant dans une recherche plus particulière des prétendus faits de provocation on a essayé de réveiller le souvenir d'un des épisodes du procès d'avril relatif au nommé Picot, représenté comme un agent provocateur, qui après avoir eu la plus grande part aux premiers actes de l'insurrection, aurait été laissé de côté par les poursuites du parquet.

M. Chégaray n'a eu qu'à reproduire à cet égard ce court passage de son réquisitoire du 16 juillet 1837 devant la cour des Pairs :

« Il est prouvé au procès que Picot, dont on a voulu faire un agent de la police de Paris, était détenu à Clairvaux depuis le 5 avril 1831, et en sortit, à l'expiration de sa peine, le 5 avril 1834; il était le 7 à Châtillon, le 8 à Châlons, à Lyon le

9 au soir séulement. L'insurrection était flagrante depuis le matin ; comment pourrait-il l'avoir provoquée ?

» Il s'y joignit, c'est un fait incontestable ; arrêté dans sa fuite, lorsque la rébellion n'était pas encore comprimée, il révéla les actes de quelques-uns de ses complices. Aux termes de la loi, ces révélations lui assuraient l'impunité ; elles lui ont épargné des poursuites dans une affaire où tant de coupables, qui n'avaient pas la même excuse légale à faire valoir, devaient, par la force des choses, échapper aux poursuites. Voilà les faits. Quel homme de bon sens y trouvera le moindre indice d'une provocation de la part du Gouvernement? (1) »

On trouvera à la suite de ce passage (*Moniteur* du 17 juillet 1835), les explications non moins nettes et non moins péremptoires de l'avocat-général sur le rôle de provocation attribué par les récriminations des accusés d'avril à deux autres

___

(1) C'est le brave et loyal général de Fleury, qui reçut la soumission de Picot. Voici comment il s'exprime à cet égard devant la Cour des Pairs, séance du 4 juillet 1834. — *Moniteur* du 5, page 1661, 2.e colonne.

« Le lundi matin (14 avril), Vaise était soumis, tout » paraissait calme à Lyon, un homme cherchait à passer » à travers les portes; on me l'amène; il avait la figure » toute renversée. Cet homme, qui s'appelait Picot, me » dit qu'il était avec les insurgés à la Croix-Rousse, et » que sentant que sa cause était perdue, il consentait à se » faire acheter. *Je tirai parti de cet homme, comme d'un* » *déserteur et je lui fit donner des détails qui m'auraient* » *beaucoup servi pour l'attaque du lendemain.* »

individus appelés Mercet et Faivre. Ce
dernier, agent *ostensible* de la police mu-
nicipale, avait été vu sur une barricade
qu'il cherchait à démolir au début de l'insurrection. On prétendait contre l'évidence qu'il avait été tué en travaillant à la
construire. Quant à Mercet et Picot, mêlés
à l'insurrection, ils avaient fait des révélations; l'art. 100 du Code pénal leur
assurait l'impunité; ils avaient été affran-
chis des poursuites comme 5 à 600 inculpés qui n'avaient pas les mêmes titres à
faire valoir, et l'on cherchait comme on
cherche encore à faire au ministère public
un crime de ne les avoir pas poursuivis.
Il ne le pouvait ni ne le devait, et tout
cela était au demeurant bien étranger à
l'accusation d'avoir demandé à outrance
le fonctionnement de l'échafaud.

Un autre grief tout aussi peu afférent a
été pris de ce qu'on s'est plu à appeler les
massacres du faubourg de Vaise, prétendus crimes dont on reproche à M. Chegaray de n'avoir pas poursuivi les auteurs.

Ici encore c'est à l'*Histoire de dix ans*
de Louis Blanc qu'on a eu recours. On
n'a guère fait que paraphraser un passage
de ce livre ainsi conçu :

« Pourquoi l'autorité ne s'était-elle pas empressée
» d'ordonner une enquête sur les massacres de Vaise?
» D'une série de vives attaques dirigées par M.
» Jules Favre contre M. Chégaray (dans les dé-
» bats du procès) , il résulta que le ministère pu-
» blic à Lyon n'avait rien fait pour se mettre sur
» les traces des meurtriers et qu'il était resté cons-
» tamment dans une impassibilité volontaire alors
» que de toute part s'élevait autour de lui la voix
» publique criant vengeance. »

M. Capo de Feuillide a ajouté que ces
massacres et le défaut de poursuites contre
leurs auteurs étaient d'autant plus odieux
qu'il n'y avait eu dans le faubourg de
Vaise ni résistance ni combat, et qu'on
n'avait pas même poursuivi les militaires
auteurs de l'assassinat d'un prisonnier.

Mais on n'a cessé de répondre depuis
1834 à ces accusations 1.° Que le faubourg de Vaise insurgé pendant quatre
jours de manière à couper les communications de Lyon avec Paris, ne put être
repris qu'après un combat acharné où
périrent de nombreux militaires. 2.° Que
la troupe put sans doute avoir le malheur
d'atteindre dans sa défense quelques victimes innocentes, au milieu d'insurgés
plus nombreux, mais que c'était là une
conséquence aussi inévitable que déplo-

rable de la guerre civile, conséquence imputable à ceux qui l'avaient provoquée. 3.º Que les prétendus massacres de Vaise, se reportant aux derniers temps de l'insurrection, ne pouvaient en aucun cas lui servir d'excuse. 4.º Que s'ils avaient constitué des crimes, ces crimes eussent été militaires, et que le Procureur du roi n'avait aucune compétence pour les poursuivre ce qui fut reconnu dès-lors au procès d'avril par son procureur-général. 5º Qu'au surplus tous ces faits avaient été éclairés par l'enquête faite à cet égard par la Cour des Pairs, notamment à son audience du 4 juillet 1835, *Moniteur* du 5.

Citons quelques-unes des dépositions reçues alors par la Haute Cour :

M. le général Aymard. En effet, à la fin de l'insurrection, on prétendit qu'un homme fait prisonnier avait été fusillé par les soldats. Je fis faire toutes sortes de perquisitions ; je demandai le nom des hommes qui avaient fusillé cet individu. On ne put ni les reconnaître, ni me les désigner. Je publiai alors un ordre du jour terrible, dans lequel je déclarais que si je parvenais à découvrir les coupables, ils seraient sévèrement punis.

Mais pour dire comment les prisonniers étaient traités quand ils m'étaient amenés, voici

un fait : six soldats et un adjudant m'ame-
nèrent à mon quartier-général , sur la place
Bellecour , un individu qui , sous prétexte de venir
parlementer du faubourg de la Guillotière, avait
demandé qu'on suspendît le feu. Cet individu , pendant que le commandant donnait des ordres , s'a-
dressait aux soldats , et leur disait qu'ils ne devaient
pas se battre contre les insurgés , qu'ils devaient
au contraire passer de leur côté , et que , si bientôt
ils ne rendaient pas les armes , quinze à vingt mille
hommes qui arrivaient de Grenoble les forceraient
bien à les remettre. Les soldats exaspérés me mon-
trèrent les mains de cet homme encore toutes noir-
cies de poudre , et des cartouches qu'ils avaient
trouvées dans ses poches. Nous étions en état de
guerre ; j'avais le droit d'assembler un conseil de
guerre sur-le-champ , et de faire juger cet individu
comme embaucheur et comme espion. J'en avais le
droit , et cependant je ne l'ai pas fait. J'ai envoyé
cet homme , sous la même escorte , au procureur
du roi à la préfecture ; je l'ai livré à la justice
ordinaire. Voilà ce que j'ai fait.

M. *Chegaray*. Cet homme est l'accusé Despinasse !

M.ᵉ *Favre*. Je ne sais si la cour me permettra
une observation , que je ferai avec tout le calme
possible , en rendant justice à ce qu'il y a d'honorable dans la conduite de M. le général Aymard
dans cette circonstance.

M. *le président*. M. le général Aymard n'est pas
en cause ici, pas plus que l'armée.

Le général Rohault de Fleury. Appelé à Lyon
pour mettre la ville en état de défense, j'ai été
absorbé par les soins de mon service spécial ; je

ne connaissais pas d'une manière officielle les événemens qui se préparaient. Cependant, dès les
premiers jours de février, je fus désigné pour com-
mander la ligne de la Croix-Rousse, et j'arrêtai
d'avance les dispositions premières que j'avais à
prendre en cas d'alerte.

Le 9 avril, à dix heures à peu près, je me rendis à la caserne des Bernardines; un dragon vint
se réfugier dans la caserne; il venait d'être désarmé par une masse populaire; ce fut pour nous
un garde-à-vous. Bientôt après, les premiers coups
de fusils tirés vers la place St-Jean, m'avertirent
que le combat était commencé; je me hâtai aussitôt
de m'emparer de tous les postes que j'avais désignés
d'avance. Cette occupation se fit sans coup férir,
et fut terminée en vingt minutes.

» Cependant une barricade s'étant élevée dans
la grande rue de la Croix-Rousse, je la fis enlever
et détruire. M. du Perron, colonel du 27.e, com-
mandait lui-même les deux compagnies chargées
de l'attaque; il essuya une fusillade, partie des
maisons, qui lui blessa grièvement deux hommes ;
aussitôt il fit faire un roulement, puis s'adressant
aux nombreux spectateurs qui étaient aux fenêtres
il les prit à témoin qu'il avait reçu le premier
coup de fusil sans y répondre; mais que doréna-
vant il répondrait au feu par le feu. Il attaqua
et enleva une seconde barricade, dans une autre
rue à droite de la première, et se conduisit de la
même manière; il rentra ensuite dans l'enceinte
de la ville. Je me fortifiai dans les positions occu-
pées; les insurgés s'étaient établis sur le rocher
de Vaise, d'où ils tiraient sur la manutention;
ils blessaient des boulangers. Les corvées que j'en-

5

voyais à la manutention chercher du pain revenaient
avec des pertes.

» M. le maire de Vaise me fit savoir, le 12 avril,
qu'une bande d'insurgés, secondés par des disci-
plinaires qui avaient désarmé leur escorte, s'étaient
emparés de cette malheureuse commune, et la me-
naçaient des plus grands excès : je fis mes dispositions pour opérer sa délivrance.

» Le lendemain 13, samedi, deux colonnes furent formées et désignées pour agir, l'une de front
et marchant par la grande rue, et l'autre par les
hauteurs, afin de prendre l'ennemi à revers : le
succès fut complet et rapide, mais acheté par la
perte de plusieurs officiers et soldats; les troupes
enlevèrent à la course et à la baïonnette une bat-
terie et plusieurs barricades. L'ennemi se voyant
tourné et ses barricades forcées, chercha son salut
dans la fuite, mais non sans laisser un assez grand
nombre de morts. Quelques furieux engagèrent une
fusillade dans des maisons; les soldats reçurent
l'ordre de s'emparer de ces maisons, et alors s'engagea un combat d'intérieur; on sait qu'elles scènes
peuvent en résulter.

» Presque aussitôt après, les portes des maisons
s'ouvrirent, la population descendit dans la rue et
nous témoigna sa reconnaissance de l'avoir délivrée
des bandits.

» Au retour de Vaise, il s'est passé un incident
que je demande la permission de rappeler, parce
qu'il donne une idée du caractère de nos soldats.
Un officier qui avait pénétré dans une maison d'où
des coups de feu avaient été tirés sur la troupe,
revint en disant qu'il avait trouvé dans cette maison cinquante individus, des femmes, des enfans

mourant de faim; ils étaient depuis deux jours en-
fermés par les balles de l'ennemi et de nos troupes. Les soldats touchés de la misère de ces malheureux allèrent leur porter du pain; et les soldats
n'obtenaient ce pain que par des corvées qui leur coû-
taient toujours des hommes. Ce fait s'est renouvelé
jusqu'à la fin des hostilités.

» *M. le Président*. Le récit que vient de faire le
général Fleury ne s'effacera pas de la mémoire de
la cour; le témoignage qu'il a rendu avec un accent si plein de vérité de la modération de ses
troupes, prouvent combien elles méritent dans l'estime publique.

» Il a cité un fait auquel il a semblé ne pas at-
tacher une grande importance; mais il m'est impossible de n'y en pas mettre moi-même. On a
souvent parlé de balles perdues qui, tirées sur la
troupe, avaient pu atteindre des êtres inoffensifs.

» Le général vient de vous dire comment le
feu des insurgés a tué des garçons boulangers qui
remplissaient cette partie de leur métier si nécessaire
à la vie des citoyens. Oui, voilà les malheurs de
la guerre civile, ces malheurs terribles qui ne sau-
raient être trop déplorés, et qui, je le répète,
retomberont tous sur la tête et sur la conscience
de ceux qui ont provoqué, commencé la guerre.

» *Un accusé*. Il faut attribuer tous ces malheurs
à ceux qui commandaient les massacres.

» *Le général Fleury*. Je dois dire encore que
lorsque nous faisions porter nos blessés à l'Hôtel-
de-Ville, ils étaient accueillis par des coups de fusil
tirés par les insurgés placés sur le rocher de Vaise.

Lemaistre, chef de bataillon du 28e de ligne.
Je fus envoyé par M. le général Fleury avec un
bataillon pour enlever la barricade du faubourg

de Vaise. La résistance fut vive de la part des insurgés; le feu ayant cessé, deux coups de fusil partirent d'un rez-de-chaussée; ils étaient dirigés sur le général Fleury, je n'en doute pas; un feu assez vif, venant d'une autre maison, inquiétait ma troupe; là je perdis des officiers et des soldats; enfin, on pénétra dans cette maison, et ma foi deux individus, pris les armes à la main, furent baïonnettés. Ma troupe fit des prisonniers, le maire les ayant réclamés comme des hommes égarés, je les rendis, et cependant on les avait saisis les armes à la main. Un seul jeune homme blessé au bras resta; j'avais intérêt à le garder. Il me demanda à écrire à sa mère, je lui donnai du papier; dans cette lettre il avoua qu'il était coupable. Le soir il témoigna le désir de voir sa mère, alors je lui dis : Je suis persuadé que vous vous repentez du mauvais parti que vous avez pris. Venez avec moi. Je le fis sortir en ajoutant : Malheureux, allez consoler votre mère. Si ce jeune homme lit la déposition que je fais maintenant devant la cour, il pourra reconnaître et confirmer la vérité de ce que je dis; et on parle d'assassinat !

L'accusé Girard (Jules) demande si le témoin ne se rappelle pas avoir vu le jeune Roucy arraché des bras de sa mère et fusillé.

Le témoin. Non, je ne me le rappelle pas.

L'accusé Girard. Le témoin se rappelle-t-il que le beau-frère de ce jeune homme et plusieurs autres individus ont été attachés avec des cordes et amenés devant lui, et qu'on lui demanda la permission de les fusiller, et qu'il la refusa.

Le témoin. Je n'ai jamais refusé la permission de fusiller personne, car on ne me l'a jamais demandée.

L'accusé Girard. Le témoin pourrait-il dire comment ont été tuées les personnes massacrées à Vaise.

Le témoin. Je n'en sais rien : Je sais seulement que les coups de feu qui blessèrent les soldats partaient des fenêtres, et que les soldats entrèrent dans la maison, et je ne peux pas dire ce qui s'est fait.

A ces dépositions si remarquables des chefs militaires sous les ordres desquels se seraient trouvés les prétendus massacreurs de Vaise, à cette grave déclaration du président de la Cour des Pairs, ajoutons ce fait que le témoin Chevrot, conseiller municipal, faisant fonctions de maire à Vaise, a déclaré que bien loin de massacrer les prisonniers, on a mis en liberté sur sa demande tous ceux qu'il a réclamés.

Ainsi pas de massacres à Vaise. Mais y en eût-il eu, était-ce bien à M. Chégaray qu'on pourrait s'en prendre de ce qu'ils n'aient pas été poursuivis?

Ecoutons à cet égard M. le procureur général Martin du Nord dont l'autorité est ici incontestable, puisqu'elle couvrait dans tous les cas la responsabilité du magistrat qui lui était subordonné :

M. le procureur général. Déjà depuis trop longtemps ces faits relatifs à la commune de Vaise occupent les instants de la cour; leur apparente

gravité n'est elle pas écartée dès l'abord par une
circonstance décisive ? c'est le 9 avril que l'insurrection éclata ; et c'est le 14 seulement que les
faits articulés se seraient passés à Vaise, alors que
'insurrection vaincue était presque éteinte dans
toute l'étendue de la commune de Lyon. Quelle est
donc ici la valeur des faits que vous prétendez établir ? où se trouve la base de votre argumentation ?
qu'est-ce que cette provocation du 14 à des attentats commis dans les journées du 9, du 10, du
11, du 12 et du 13 avril ? Croyez-vous, je vous
le demande, croyez-vous arriver ainsi à atténuer,
à détruire les charges qui pèsent sur vous ? est-ce
ainsi que vous parviendrez à démontrer que vous
n'avez été ni les provocateurs, ni les auteurs de
ces attentats qui ont ensanglanté la seconde cité
de France ! Non, sans doute, et on le sait bien,
mais on veut arriver à un autre but, c'est de dé-
courager les hommes fidèles, c'est d'insulter à cette
honorable fidélité, c'est d'entraîner par suite à des
actes de faiblesse de braves soldats qui heureuse-
ment ne tomberont jamais dans de pareils pièges.
Faut-il donc que nous vous apprenions, à vous
qui faites retentir si haut aujourd'hui des plaintes
que vous avez tenues secrètes jusqu'ici, faut-il
donc que nous vous apprenions ce que vous deviez
faire en pareille circonstance ? Est-ce que la loi ne
vous offrait pas une répression assurée contre tous
les excès ? Croyez-vous que la justice vous eût
manqué ? une instruction eût été faite, mais une
instruction régulière ; on eût entendu sans doute
ces témoins qui sont venus ici se targuer du titre
de républicain pour déposer de ces faits sur lesquels
on ne craint pas de s'appuyer pour attaquer notre
brave et fidèle armée ; mais on eût appelé aussi des

hommes impartiaux qui auraient donné aux faits leur véritable caractère ; une instruction eût été faite , mais faite dans les règles, faite comme elle eût dû l'être ; et si des accusateurs et des dénonciateurs (je prends ce mot dans un sens honorable) étaient venus indiquer des témoins, la justice, après les avoir entendus, en eût mandé d'autres aussi qui eussent déposé dans un sens contraire : ainsi appelée à con-connaître de ces faits, elle se fût éclairée pour juger en parfaite connaissance de cause.

On veut donc enter un procès sur un autre pro-cès, et vous conduire à déclarer que les accusés qui le 9 ont levé l'étendard de la rebellion , sont innocens, et ne peuvent être condamnés, parce que le 14 des soldats ont commis des excès dans la commune de Vaise. Mais, d'abord, ces excès je les nie hautement , j'en repousse, comme elle mérite de l'être , la mensongère allégation. Après la déposition des témoins honorables qui ont parlé ici avec un accent de vérité et de conscience que vous avez tous remarqué, nous pouvons, nous de-vons le dire, ces prétendus faits ne sont que des accusations calomnieuses. L'armée est pure, comme elle est brave et fidèle; nous avons à nous glorifier de sa conduite, à proclamer qu'elle a éloigné de nous des dangers immenses , et que si de pareils dangers se représentaient, elle se montrerait encore ce qu'elle a été à Lyon en avril, et quelle ac-querrait encore de nouveaux titres à la reconnais-sance nationale. (Marques prolongées d'approbation).

Et M.ᵉ Jules Favre ayant encore essayé de récriminer contre M. Chegaray , M. Martin du Nord reprend :

M. le procureur-général. M. le procureur du
roi de Lyon a répondu ; il a dit que des renseignemens avaient été pris par lui ; que ces renseignemens ne lui avaient pas paru assez positifs pour
donner suite non pas à la plainte , car aucune plainte
n'a été portée, mais aux renseignemens déjà donnés.
Au surplus, nous ne concevons pas ces attaques
incessamment dirigées contre le parquet de Lyon,
lorsqu'il s'agit de faits qui seraient imputés à des
militaires , lorsqu'on sait que si ces faits étaient
aussi vrais qu'ils sont faux, l'autorité judiciaire
ordinaire eût été incompétente pour diriger des poursuites qui ne pouvaient l'être que par l'autorité
militaire.

Demandez-vous pourquoi ces poursuites n'ont pas
été intentées par l'autorité militaire ? C'est qu'elles
eussent été mal fondées, c'est que les généraux
avaient l'intime conviction que les faits n'étaient
pas exacts, et que d'un autre côté, aucune plainte
ne leur a été portée. Dès-lors il faut bien le reconnaître, cette attaque est sans fondement, et
nous devons écarter de ce procès, les éternels in-
cidents qui n'ont d'autre but que de détourner l'attention des magistrats du véritable point de vue
de la question qui leur est soumise.

Ainsi nous osons le dire, il est plus clair
que le jour : 1.º Qu'il n'y a pas eu de
massacre à Vaise; 2.º que les faits relatifs
à ce qui s'y est passé ont été loyalement
éclaircis devant la Cour des Pairs; 3.º qu'on
n'aurait pu poursuivre que de braves soldats coupables d'avoir fait leur devoir;

4.º qu'en aucun cas aucune part de responsabilité pour le défaut de poursuite ne saurait peser sur M. Chégaray qui n'avait pas de compétence et dont la conduite a reçu l'approbation de son supérieur hiérarchique.

Pour en finir avec cette odieuse accusation de massacres dirigée contre des soldats français, rappelons que dans des six journées de l'insurrection de Lyon, il n'a péri (Vaise compris) que 109 individus non militaires, tandis qu'il y a eu 131 militaires tués 192 blessés, en totalité 323 militaires atteints, en telle sorte qu'il aurait péri plus de massacreurs que de massacrés si cette imputation était seulement discutable !

On a cherché, fouillé dans les immenses détails des audiences du procès d'avril pour chercher à M. Chégaray des crimes bien éloignés du reste du reproche d'avoir demandé à outrance le fonctionnement de l'échafaud politique. Et après cet immense travail inquisitorial on a fini par lui reprocher sa conduite à l'égard des accusés Tourrès, Carrier, Girod et Correa.

Son crime à l'égard de Tourrès est d'avoir fait connaître à la Cour que cet accusé avait été précédemment condamné pour vol, d'où M. Chegaray déduisait avec la loi du recrutement que Tourrès, qui se vantait d'avoir servi, n'avait pu légalement faire partie de l'armée.

Quant aux trois autres accusés, les attaques dirigées contre M. Chegaray sont d'autant plus inconcevables qu'il a, dans son réquisitoire, appelé l'indulgence de la Cour sur *Carrier* et sur *Girod*; et que, pour ce qui concerne *Corréa*, de l'affaire duquel il n'était même pas chargé, M. Chegaray n'est intervenu que pour supplier la Cour de l'acquitter par le motif qu'on avait découvert durant les débats que cet insurgé s'était entremis pour sauver la vie à un courrier de malle arrêté par les insurgés, qui le prenant pour le Procureur du roi, voulaient le fusiller. Et cet acquittement sollicité par M. Chegaray a eu lieu en effet malgré des charges assez graves.

On a dit encore : 1.º que l'arrêt de la Cour des Pairs n'avait prononcé que des peines légères de un à deux ans d'emprisonnement ét avait ainsi contenu le blâme implicite des réquisitions beaucoup plus sévères du ministère public ; 2.º Que M. le président Pasquier avait exprimé ce blâme ou cette défaveur particulièrement en ce qui concerne M. Chegaray. On s'est bien gardé, comme de coutume de rien citer à l'appui de ces étranges assertions.

La vérité est sur la première assertion que l'arrêt de la Cour des Pairs du 17 avril 1835, écartant comme le demandait le ministère public la peine de mort en ce qui concerne les accusés même les plus coupables, les condamna cependant à des peines sévères et en rapport avec la gravité des faits. Sur 56 accusés de la catégorie de Lyon, neuf sont acquittés ; sept condamnés à la déportation, deux à vingt ans de détention, trois à quinze ans de la même peine, neuf à dix ans, 4 à sept ans, 19 à cinq ans de détention, six à l'emprisonnement.

Les peines furent donc sévères, l'arrêt conforme aux conclusions du ministère public, et l'amnistie qui survint moins de deux ans après l'arrêt, eut pour les condamnés le caractère de la plus haute et de la plus réelle clémence.

Quant au prétendu blâme exprimé par M. le président baron Pasquier contre le ministère public en général et M. Chegaray en particulier, il est tout aussi facile de répondre : 1.° Qu'à la fin du procès et dans la séance du   décembre 1835, M. le baron Pasquier rendit au nom de la Cour le plus éclatant hommage au talent, à la sage fermeté, à la haute modération dont avaient fait preuve tous les membres du parquet. Et quelques jours après il confirmait ce flatteur témoignage en ce qui concerne M. Chegaray, alors à Orléans, en lui adressant la lettre autographe dont voici la teneur :

« Monsieur,

» Vous auriez eu un fort grand tort si vous ne vous étiez pas fait une large part dans les paroles que j'ai prononcées à l'une des dernières séances de la Cour. J'ai été heureux qu'une occasion me fût offerte de rendre une éclatante justice au parquet si habile et si dévoué qui a si puissamment aidé la Cour à parcourir la difficile carrière dont elle vient d'atteindre le terme. Comme vous le dites très-justement, vous avez été appelé le premier sur la brèche et l'HONNEUR DE L'EXCELLENTE CONDUITE QUE VOUS Y AVEZ TENUE VOUS DEMEURERA TOUJOURS.

» Je jouis fort sensiblement de ce que vous me dites du bon état où notre arrêt a conduit la cité de Lyon. Aucun prix de nos travaux ne pouvait être meilleur.

» Veuillez recevoir, Monsieur le Procureur-général, avec les assurances de ma considération la plus distinguée, celles de mon sincère attachement,

» PASQUIER.

» Paris, 24 janvier 1836. »

Ainsi tombent devant l'éclatante lumière des actes et des faits, tous les reproches à l'aide desquels on a essayé de donner le change à l'opinion pour lui faire perdre de vue le véritable point du débat.

On a bien senti que devant des preuves aussi éclatantes que celles que nous reproduisons ici, il ne pouvait plus rien rester des reproches adressés à M. Chégaray, aussi s'est-on retranché sur une excuse de bonne foi; on lui a reproché de n'avoir pas pris assez soin lui-même de sa propre réputation, et d'avoir laissé s'accréditer ces odieux reproches *d'implacabilité sinistre*, etc., en ne poursuivant pas :

1.º Le journal la *Sentinelle* de Bayonne qui l'a accusé, en 1837, d'avoir demandé 123 têtes de patriotes;

2.° Une biographie de députés, publiée par l'éditeur Pagnerre en 1839, et où on lui imputait à peu près la même chose ;

3.° L'auteur de l'Histoire de dix ans, publiée en 1843.

M. Chegaray à répondu qu'il ne comprenait pas trop comment de premières diffamations pouvaient en excuser de subséquentes sur des faits démontrés faux et il a ajouté :

1.° Qu'à l'assertion de la *Sentinelle* faite à l'époque des élections de 1837, il avait répondu en obligeant ce journal à publier le texte de son réquisitoire, ce qui avait paru tellement péremptoire aux rédacteurs, que depuis lors ils n'ont jamais essayé de reproduire une assertion démontrée si fausse, et dont il n'a plus été question dans la *Sentinelle*, malgré la vivacité de sa polémique contre les candidatures subséquentes de M. Chegaray en 1839, 1842, 1843 et 1846.

2.° Quant à la biographie *Pagnerre*, obscur libelle dirigé contre tous les membres de la majorité conservatrice de 1839, M. Chegaray a déclaré n'en avoir eu aucune connaissance, et l'eût-il connue, il ne l'eût assurément pas poursuivie.

3.º Et enfin relativement à l'Histoire de dix ans, M. Chegaray a fait observer qu'il ne s'y trouve rien qui autorise à lui reprocher d'avoir demandé *à outrance le fonctionnement de l'échafaud politique*, et que quant aux autres attaques dont il est l'objet dans cette histoire et dont la fausseté est maintenant si bien prouvée, elles font partie d'un système général d'attaques contre le gouvernement de Juillet, beaucoup plus qu'elles ne sont des diffamations contre l'ancien avocat-général à la Cour des Pairs.

A ce propos, on n'a pas craint de dire que sous le dernier gouvernement M. Chegaray se serait bien gardé de se plaindre de pareilles attaques dont il se serait fait au contraire un titre pour obtenir de l'avancement.

Quoi, M. Chegaray se serait laissé accuser d'avoir *demandé à outrance le fonctionnement de l'échafaud politique* pour obtenir de l'avancement sous un roi qui était l'adversaire notoire et persévérant de la peine de mort, sous un gouvernement qui, attaqué avec un acharnement sans exemple par les complots, les émeutes et les insurrections, n'a jamais fait tomber une tête, sous un gouvernement contre lequel ont pu conspirer et s'insurger en février tant d'hommes qu'il avait épargnés, amnistiés ou graciés !!...

Rien assurément de plus absurde. Mais M. Chegaray avait-il donc besoin d'avoir recours pour son avancement à des moyens aussi absurdes et aussi odieux ?

Cet avancement a toujours été rigoureusement hiérarchique, exclusivement dû à des services judiciaires; il n'a rien eu de précipité, il n'a rien dû à la politique car M. Chegaray n'a jamais rien voulu devoir à la députation dont il a été honoré *dix ans*, sans que sa carrière judiciaire y ait rien gagné.

Quand il fut nommé procureur-général à Orléans, le 20 octobre 1835, il était procureur du roi à Lyon et avocat-général à la cour des pairs; chacun de ces titres aurait suffi pour rendre sa promotion naturelle et légitime. Réunis, ils la rendaient en quelque sorte inévitable. Bien loin de la trouver prématurée les

hommes les plus éminens de la magistrature Lyonnaise, juges naturels de leur
collégue, la considéraient plutôt comme
tardive. Voici ce que lui fesait par exemple l'honneur de lui écrire sous la date
du 20 décembre 1834, M. Achard-James,
président de chambre à la Cour de Lyon :

» Lyon, 20 décembre 1834.
» Mon cher Monsieur Chegaray,

» Quelques pénibles et nombreux que soient les
travaux que vous avez terminés, — vous êtes loin
encore d'être au bout, — il vous reste la grande
affaire à la Chambre des Pairs, — votre zèle et
votre courage ne vous failliront sûrement pas ; mais
il faut en avoir autant que vous en avez pour n'a-
voir pas été effrayé de l'étendue et des difficultés
de la carrière à parcourir. Vos amis s'attendaient
à tout cela de votre part ; *ils ne s'étonnent donc
pas de ce que vous faites*, MAIS BIEN DE CE QU'ON
NE FAIT PAS POUR VOUS ; ILS NE COMPRENDRAIENT
RIEN A CE RETARD S'ILS POUVAIENT EN SUPPOSER
D'AUTRES MOTIFS QUE L'OPPORTUNITÉ ET VOTRE CON-
VENANCE. Ils font dans tous les cas des vœux bien
sincères pour qu'enfin vous soyez au plutôt mis à
même par l'élévation du poste où vous serez appelé, de déployer l'énergique et prudente activité
dont la nature vous a doué, et que vous savez
d'ailleurs si utilement appliquer au service public.

» Les vœux que je forme personnellement ne sau-
raient être ni moins ardens ni moins sincères que
ceux d'aucun autre, ils datent de loin, et vous
n'avez sans doute pas oublié quelle en fut la ma-

nifestation à mon retour de Montbrison, où je vous
vis pour la première fois.

» Adieu, soyez heureux et prospérez, c'est la des-
tinée des âmes fortes et à résolution arrêtée, elle
ne saurait vous manquer.

» Tout à vous, ACHARD-JAMES. »

Lorsque dix mois après M. Chégaray
fut nommé procureur-général à Orléans,
voici en quels termes le vénérable et vé-
néré M. Baudrier, président du tribunal
de Lyon, s'exprimait publiquement à l'audience solennelle de cette compagnie,
convoquée pour l'installation du successeur de M. Chégaray :

« Messieurs,

» M. Chegaray vient d'être élevé aux plus hautes
fonctions du ministère public dans une Cour im-
portante du Royaume. Le Roi a prouvé par ce
choix qu'il savait discerner le mérite, et récom-
penser le dévoûment au Pays.

» Les premiers moments de la magistrature de
M. Chegaray ont été signalés par une amélioration
remarquable pour l'administration de la justice.—
Jusqu'alors, les arrestations opérées par l'action
journalière de la police, se trouvaient d'abord sou-
mises à l'investigation des chefs de la police. Cet
usage se prêtait facilement aux abus. — Désormais,
les magistrats de l'ordre judiciaire seront appelés
les premiers à exercer un utile contrôle sur les opérations de la police ; la justice entendra les premières réclamations des prévenus, recueillera leurs

premiers aveux. Ce n'est là, il est vrai, que l'exécution fidèle de la loi ; mais quiconque sait ce qu'il
en coûte à désavouer de vieilles habitudes, recon-
naîtra que l'établissement du petit parquet, est un
véritable bienfait dû au zèle et à la persévérance
de M. Chegaray.

» Pendant la durée de ses fonctions, d'épou-
vantables catastrophes affligèrent notre ville ; il y
déploya un caractère énergique, un courage bril-
lant ; adversaire inébranlable des factions enne-
mies de l'ordre et de la Révolution, il méritait
de s'attirer toute leur haine ; attaqué personnellement par celui de leurs journaux qui s'est distin-
gué à Lyon, sinon par le plus d'audace, du moins
par le plus de talent, M. Chegaray n'hésita pas
un instant ; il appela son accusateur à armes égales
devant le jury, et là, dépouillé de sa toge, il
força la justice du pays, à signaler à l'indignation
des citoyens honnêtes, ou un magistrat inique, ou
un magistrat odieusement outragé. — Cette lutte
hardie a eu le résultat qu'elle devait avoir ; mais
que ceux qui ne veulent toujours voir que l'am-
bition dans le dévouement des fonctionnaires publics, se rappellent qu'elle était engagée devant
un tribunal qui pousse l'amour de l'indépendance
jusqu'au caprice ; dans un moment où les événements de novembre pesaient encore sur nous de
tout leur poids ; qu'ils réfléchissent aux conséquences d'une décision contraire, sur le sort d'un magistrat qui ne vit que de respect et de considération, et qu'ils disent si ce n'est pas là un exemple de ce courage civil tant préconisé et cependant
si rare aujourd'hui.

» Dans ce temps de douloureuse mémoire, l'é-
meute était une chose de tous les jours. — M.

Chegaray savait la regarder en face sans pâlir, et
du lieu où je parle, nous l'avons vu, n'écoutant
que les premiers mouvemens d'un cœur généreux,
s'élancer au milieu d'elle, et arracher un témoin
des mains des furieux qui s'apprêtaient à le punir,
d'avoir osé dire la vérité.

» A partir de cette époque, M. Chegaray n'ap-
partint plus au tribunal que de nom, — absorbé
par l'instruction du grand procès dont la Cour des
Pairs retentit encore, ses brillantes qualités semblè-
rent grandir, sur ce nouveau théâtre, de tous les obs-
tacles que les passions politiques lui suscitèrent ; —
si, enfin, la révolte a pu être traînée aux pieds
de la justice, les efforts opiniâtres de M. Chegaray
n'ont pas peu contribué à amener cet immense résultat, et dans les mémorables débats qui en ont
été la suite, chacun a pu admirer l'étendue et
l'élévation de son esprit, la vivacité et la fran-
chise de sa parole. etc. »

L'honorable M. Duplan, procureur-
général à Lyon, écrivait en même temps
à M. Chegaray :

« Lyon, le 24 octobre 1835.

» Monsieur et cher collègue,

» Je lisais votre nomination sur le *Moniteur* a
moment où votre lettre affectueuse m'est parvenue.
Vous m'avez bien jugé en pensant que j'applaudi-
rais à un avancement, dont je puis mieux que
personne apprécier la justice. Je me suis exprimé
à cet égard à la Chancellerie, l'année dernière
en termes tels que l'on ne peut douter de mon
opinion, et je reconnais que mon appui vous
était inutile.

» J'espère, comme vous, que votre nouveau titre resserrera les liens d'estime et d'attachement qui existaient entre nous. Venez nous voir et je vous l'exprimerai du mieux que je pourrai. Vos anciens collègues et vos amis vous remercient des sentimens que vous leur témoignez ; ILS DISENT COMME MOI, QUE VOUS AVEZ MÉRITÉ LA PLACE et que vous justifierez la haute confiance du Roi.

» Recevez, Monsieur, mes sincères félicitations, et croyez moi votre tout dévoué collègue.

» Le procureur-général, DUPLAN. »

Et ces témoignages d'affectueuse sympathie que lui annonçait M. le procureur général Duplan, et qu'exprimaient si hautement, en effet, M. le président Achard, au nom de la Cour, M. le président Baudrier, au nom du Tribunal de Lyon, M. Chegaray avait le bonheur de les recevoir aussi de ses anciens collègues et particulièrement de MM. les avocats-généraux du parquet de Lyon (MM. Chais et Nadaud), ses anciens d'âge et de service, ses concurrents naturels, qui avaient eux aussi des droits légitimes à une promotion pareille et qui applaudissaient cependant eux aussi en. gens de cœur qu'ils étaient à celle du procureur du roi leur collègue.

M. Chegaray exerça les fonctions de

procureur général à Orléans, du 20 octobre 1835 au mois de juillet 1837. A
cette époque, il fut par un acte spontané
du gouvernement et sans aucune démar-
che de sa part promu aux fonctions plus
élevées de procureur-général à Rennes.
Un journal d'Orléans ayant prétendu
qu'on ne l'éloignait de cette ville que
par suite d'une mésintelligence avec la
Cour, cette compagnie fit à M. Chegaray l'honneur inusité de protester contre cette fausseté en lui offrant un ban-
quet d'adieu auquel tous les magistrats
de la cour concoururent, ayant à leur tête
M. le premier-président de Beauvert et
M. le président Abattucci, depuis député
de l'opposition, et aujourd'hui représentant. Quelques jours après son départ
d'Orléans, M. Chegaray recevait la lettre
suivante de M. le premier-président de
Beauvert, aujourd'hui conseiller à la
Cour de Cassation :

Orléans, le 28 Juillet 1837.

Monsieur le Procureur Général,

J'ai lu le discours d'installation que vous m'avez
adressé, je vous en fais mon compliment, mais
ce que j'ai bien plus à cœur c'est de vous exprimer mon indignation des odieux articles qu'

ont paru dans le journal du Loiret ; je puis vous affirmer que ce sentiment est partagé par tous ceux qui vous connaissent et bien plus encore par ceux qui comme moi ont eu des rapports intimes avec vous : on s'indigne de voir un journal s'acharner à poursuivre d'imputations injurieuses un magistrat qui n'a fait que du bien dans le ressort, au moment où il s'en éloigne et cela à propos d'une marque de l'estime et des sympathies qu'il avait su conquérir. Cela est si sale que j'aurais évité de vous en parler, mais je sais que ces journaux vous ont été adressés et dès lors vous pourriez accuser mon silence.

Pensez quelques fois à nous, mon cher procureur général, tâchez de passer par Orléans lorsque vous ferez le voyage de Paris, M..... se rappelle particullèrement à votre souvenir ainsi que Vauzeille (1) et Abatucci (2) croyez je vous prie à mes sentiments les plus affectueux.

BEAUVERT.

C'est quelques mois après sa nomination comme procureur-général à Rennes que M. Chegáray fut pour la première fois élu député (2 novembre 1837.) Il désira six ans plus tard échanger ce poste contre celui d'avocat-général à la cour de cassation, *également amovible, moins rétribué*, et qui ne lui offrait d'autre

----

(1) Aujourd'hui premier président à Orléans.
(2) Depuis député, conseiller de la cour de cassation, représentant.

—

avantage que la possibilité de concilier avec son mandat de député l'exercice complet de ses devoirs judiciaires. M. Chegaray n'arrivait du reste au parquet de la Cour de Cassation *qu'à son rang d'ancienneté comme procureur-général*; et il était notamment le plus ancien de tous les procureurs-généraux qui ont été appelés après lui à ce parquet ou à la cour elle-même (MM. de Boissieux, Nicias Gaillard, Rouland et Laborie).

Voici, du reste, comment l'administration de M. Chegaray, en qualité de procureur-général à Rennes, fut appréciée par les Magistrats et l'opinion du ressort :

Extrait du procès-verbal de l'audience solennelle de la Cour Royale de Rennes du 30 août 1843, pour l'installation de M. Plougoulm, successeur de M. Chegaray.

. . . .

M. Victor Foucher, premier avocat-général, (aujourd'hui procureur de la République à Paris), a dit :

» Messieurs, l'ordonnance qui appelle M. Chégaray au sein de la Cour suprême..... est un acte de haute justice envers deux magistrats éminents.

» Les regrets que M. Chégaray laisse parmi nous sont vifs et sentis.

» Lorsqu'il y a six ans , jeune encore bien qu'ayant déjà parcouru une carrière si remplie , M. Chégaray , protestait dans cette enceinte de son application constante à faire triompher le bon droit il n'exprimait alors que la pensée de son cœur. Mais la suite a prouvé ce que peut une volonté ferme et malgré les obsessions et les difficultés que lui créait sa double position d'homme politique et de procureur général il n'a pas dévié un seul instant de la voie qu'il s'était tracée.

» Comprenant que l'unité est la base de toute vaste administration, il imprima à toutes les parties du service une impulsion qui lui permit de tenir constamment entre ses mains les rênes d'un char qu'il sut diriger avec une sagacité dont chacun se plait à témoigner.

« Doué de deux qualités rares chez le même homme la promptitude de la perception et la rectitude du jugement , ses décisions étaient marquées de ce double sceau et ses opinions furent toujours suivies dans les affaires où il prit la parole.

» Chaud protecteur du véritable talent, défenseur habile des droits acquis, il lui fut donné de voir appeler à de hautes fonctions et de choisir avec un tact exquis ses plus proches collaborateurs.

» Nous pouvons le dire avec impartialité , nous messieurs, que ces légitimes promotions ont seulement rendu le doyen de ce parquet.

» Cette droiture de vues, cette vivacité de sentiments, M. Chégaray les apportait également dans les relations privées où le fesaient briller les aimables qualités d'un esprit fin et cultivé.

» Aussi en rappelant cette vie que six années de rapports journaliers nous ont permis de bien appré-

cier, nous sommes l'organe de tous et nous acquit-
tons en même temps, la dette de la gratitude et
de l'affection »..................................
....
....

M. le premier Président de Kerbertin
a dit, en s'adressant à M. Plougoulm,
successeur de M. Chégaray :

« Monsieur le procureur général, la confiance
du Roi vous appelle à la direction d'un des premiers parquets du royaume. Vous y remplacerez
un magistrat qui, enlevé à nos rangs pour entrer
à la cour suprême emporte nos vifs regrets. Son
mérite éprouvé, l'habileté de son administration,
la sureté de son jugement et la modération qu'il
alliait à la rigueur des devoirs de sa place, tout
nous fait déplorer sa perte. etc., etc...... »

Nous ajouterons à ces discours l'article
du journal le *Français de l'Ouest*, de
Saint-Brieux, du 12 août 1843. Cet organe très-estimé et très-distingué de la
Presse départementale appréciait en ces
termes la conduite de notre représentant
comme procureur-général en Bretagne :

Extrait du Français de l'ouest (Journal
de St-Brieux, côtes du Nord), *du
12 août 1843.*

M. Chégaray procureur général près la cour de
Rennes, vient d'être nommé avocat général à la
cour de cassation. Cette nomination fait honneur

à M. le garde des sceaux car bien que jeune encore M. Chégaray est un des magistrats qui ont
le mieux mérité de leur pays. Procureur du Roi
à Lyon, en 1834, à l'époque des troubles de
cette ville, on se rappelle avec quel courage il
lutta contre les factions, et sut défendre le poste
qui lui était confié; on n'a pas oublié que la veille
de l'insurrection il se jeta seul au milieu d'un
groupe de furieux et au risque de sa vie, sauva
un témoin qui sans son intervention eut infailli-
blement péri.

» Nommé en 1837, procureur-général à Rennes,
M. Chégaray trouva la Bretagne tranquille et pendant la durée de son administration, l'ordre n'a
pas été une seule fois troublé. Avec cette justesse
de coup d'œil qui distingue les hommes supérieurs,
il comprit qu'il ne s'agissait plus de déployer cette
fermeté de caractère, et ce courage civique dont
il venait de donner à Lyon des preuves si éclat
tantes; mais bien de calmer les esprits, de rap-
procher les partis et de préparer graduellement
cette *fusion générale*, vœu le plus cher de tous
les gens de bien. Il conçut aussi que le meilleur
moyen d'y parvenir n'était pas de faire aux partis
hostiles des avances maladroites ou de lâches con-
cessions; mais de rattacher au gouvernement par
une administration constamment juste et impartiale
tous les hommes sincèrement dévoués à leur pays
qnelle que fût leur opinion politique.

» Dès son arrivée, une heureuse impulsion fut
donnée aux Procureurs du Roi et aux Juges d'instruction du ressort; l'expédition des affaires cri-
minelles a été notablement accélérée, et nulle part,
en France, les détentions préventives n'ont une plus
courte durée.

» Autant M. Chegaray s'est montré ferme pour les magistrats incapables et paresseux, autant il s'est montré affectueux et dévoué à l'égard des magistrats actifs et consciencieux. Faire son devoir, c'était lui rendre un service personnel, c'était s'assurer son appui, et plus d'un magistrat, dans le ressort, pourrait dire avec quelle chaleur il a été défendu par lui, contre les inimitiés qu'il a pu encourir dans l'exercice de ses fonmtions.

» Une des plaies de notre époque, ce sont les influences parlementaires. Les députés dépendent des électeurs, les ministres dépendent des députés. De là, des injustices sans nombre, des patronages scandaleux et de fort mauvais choix pour les fonctions publiques. Tous ceux qui ont vu de près M. Chegaray savent avec quelle énergie il a résisté à toutes ces sollicitations et combien d'injustices il a empêchées en luttant contre ces députés qui ne savent rien refuser à un électeur et en neutralisant leur influence par son insistance et son crédit personnel.

» La Bretagne n'est pas une terre ingrate, elle conserve précieusement le souvenir des services qui lui sont rendus, et nous ne serons pas démentis par elle, en adressant, en son nom, à M. Chegaray ces paroles de remerciment et d'adieu. »

Osera-t-on dire, après de pareils témoignages, que pour obtenir son avancement M. Chegaray eut besoin de se faire auprès du Gouvernement un titre des outrages que lui prodiguèrent MM. Pagnerre, Louis Blanc et MM de la

Sentinelle, de Bayonne? Honorons pluôt
sa réserve si rare et si respectable; procureur-général à Rennes, avocat-général
à la Cour de cassation et en même temps
député de 1837 à 1847, il n'a ni obtenu
ni voulu aucun avancement. Il n'a même
pas recherché la garantie de l'inamovibilité qu'il lui eût été si facile d'obtenir,
car il ne voulait pas qu'on pût dire (sincèrement du moins) qu'il avait dû à sa
position politique un avantage quelcon-
que pour sa carrière judiciaire. Le gouvernement provisoire a récompensé par
une destitution, et ses ennemis politiques
par des injures ce désintéressement si
rare. Les électeurs du suffrage universel
en ont jugé plus sainement, et l'élection
de notre honorable ami a été en grande
partie la conséquence de la justice éclatante que l'opinion lui a rendue à cet
égard.

Le désir de répondre complètement
par des faits et des actes de la plus irré-
récusable authenticité, à tant d'attaques
menteuses et passionnées, nous a en-
traînés un peu loin du procès d'avril.
Revenons-y en terminant par une cita-

tion dernière, qui ne sera autre chose
qu'un discours prononcé le 20 décembre dernier à l'Assemblée constituante
par M. Lagrange, chef de l'insurrection
de Lyon, en 1834, et l'un des principaux
accusés d'avril. Cette citation montrera
aux plus incrédules ce qu'il faut croire
de toutes les attaques dirigées à propos
de ce procès contre les magistrats qui n'y
firent que leur devoir, et qui le firent en
obéissant à la loi de leur pays, mais sans
manquer d'humanité.

*Séance de l'Assemblée Constituante du
mardi 19 décembre :*

Le citoyen Lagrange : « ....
...... Aussi laissez moi vous dire encore ceci : Si
je reviens sur cette question, (celle de l'amnistie
pour les insurgés de juin), c'est que vraiment
j'y porte un intérêt considérable et si vous con-
naissiez les lettres que je reçois tous les jours e
que je ne suis pas seul à recevoir, si vous con-
naissiez par les renseignements déplorables qu'elles
renferment la position atrocement malheureuse
dans laquelle une partie des transportés se trouvent,
vous sentiriez dans vos cœurs comme je le sens
dans le mien, le besoin de mettre un terme à ces
souffrances de ces persécutés, surtout à celles de
leurs pauvres familles.
Si M. le président du conseil (le général Cavai-

gnac) était présent je lui dirais : moi aussi j'ai été en prison. Remarquez que je n'étais pas dans la position de ceux pour qui je réclame aujourd'hui; je n'étais pas dans la position de gens dont la moitié ont été arrêtés sur des dénonciations aveugles, dont la plupart n'ont pas été jugées ; *j'étais moi véritablement criminel aux yeux de la loi.* J'avais combattu volontairement, sciemment contre le gouvernement établi; je m'en étais vanté, je l'avais déclaré à haute et intelligible voix devant la chambre haute, devant le pays. J'avais refusé toute espèce de grâce et j'avais déclaré que que j'étais prêt à recommencer. J'ai tenu parole en février.

» Sous la monarchie je me reconnaissais le droit d'insurrection contre laquelle je proteste sous l'empire légitime de la souveraineté du peuple.

» Si les gens dont je vous parle étaient dans cette position je ne demanderais pas que les portes des prisons leur fussent ouvertes, j'attendrais qu'une raison d'état comme cela est arrivé pour moi les leur fit ouvrir.

» Je le répète, j'ai été en prison, j'y a été ma foi en bonne compagnie, avec M. Lamennais avec Guinard, avec Godefroi Cavaignac et beaucoup d'autres, dont je serai toujours fier d'être l'ami, heureux d'avoir été leur camarade.

Eh ! bien nous n'avons jamais enduré l'ombre des souffrances qui sont imposées à ceux qui pourrissent maintenant dans les pontons. (Mouvement). Non, sous le régime de Louis-Philippe lui-même, nous n'avons jamais supporté la moitié des souf=

frances qu'endurent ces malheureux sous le régime de la République qu'ils ont conquise de leur
sang. »

(Séance du 19 décembre 1848, *Moniteur* du
20, page 3618). N.º du *Moniteur* 355.

PAU, IMPRIMERIE DE É. VIGNANCOUR.